# Toska

D1669079

**Die Autorin**
**Monika Pelz**
studierte in München, Florenz und
Pisa Geschichte, Politologie und
italienische Linguistik. Sie lebt mit
ihrer Familie in Pisa, die Toskana ist
ihre zweite Heimat geworden. Sie
schrieb auch die Bände Polyglott
on tour »Italien«, »Florenz« sowie
»Apulien/Kalabrien«.

## Das System der POLYGLOTT Sterne

Auf Ihrer Reise weisen Ihnen die Polyglott-Sterne den Weg zu den bedeutendsten Sehenswürdigkeiten aus Natur und Kultur. Für die Vergabe orientie-
ren sich Autoren und Redaktion am UNESCO-Welterbe.
*** eine Reise wert   ** einen Umweg wert   * sehr sehenswert

**Unsere Preissymbole bedeuten:**

| Hotel (DZ) | | Restaurant (Menü) | |
|---|---|---|---|
| ●●● | über 140 € | ●●● | über 35 € |
| ●● | 85 bis 140 € | ●● | 20 bis 35 € |
| ● | unter 85 € | ● | unter 20 € |

2

# Reiseplanung

# Land & Leute

# Unterwegs in der Toskana ◼◼◼◻

## Florenz, das Chianti und der Monte Albano ........... 42

Florenz ist eine der bedeutendsten Kunststädte Italiens. Im Chianti-Hügelland warten markante Burgen und einsame Kirchlein auf Besucher. Westlich von Florenz lädt der Monte Albano zum Wandern ein, Prato und Pistoia bieten hochkarätige Kunst.

## Siena und die Terre di Siena ........... 72

Siena, Stadt der Gotik, fasziniert mit seiner geschlossen mittelalterlichen Altstadt. Wahre Schmuckkästchen sind die Orte der Terre di Siena, die mit exzellenten Kunstschätzen, alten Abteien, weltbekannten Weinen und feinen Spezialitäten aufwarten.

## Die tyrrhenische Küste ............................................... 98

Ob weite Sandstrände oder kleine Felsbuchten vor grüner
Macchia: Die tyrrhenische Küste gibt sich abwechslungsreich.
Nur wenige Kilometer hinter der Küste locken Pisa und die
Stadt Puccinis, Lucca, mit großartiger Kunst. Unberührte Natur
findet man in den nahen Bergen der Küstenregion.

## Arezzo und das Aretino ............................................... 126

Die traditionsreiche Handwerkerstadt Arezzo birgt hervorragende Werke Piero della Francescas. Im Süden des Aretino
gewährt Cortona, einstige Etruskerstadt, herrliche Ausblicke
über das Chiana-Tal. In der Bergwelt des Casentino findet man
unberührte Natur in den Nationalparks und stille Klöster.

## Karten

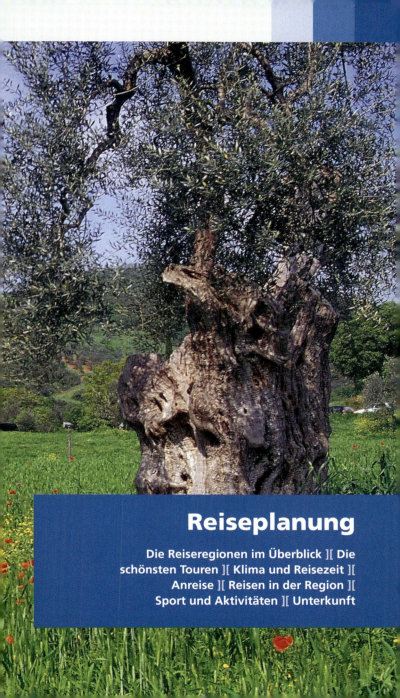

# Reiseplanung

# Die Reiseregionen im Überblick

Zypressengesäumte Auffahrten zu einsamen Bauernhöfen in hügeliger Landschaft, weite Sandstrände und lauschige Badebuchten am Tyrrhenischen Meer, anmutige Städtchen und großartige Kunstschätze – die Toskana besitzt viele Gesichter, die einer Entdeckung harren.

**Florenz, das Chianti und der Monte Albano** bilden das Herz der Toskana. Die Hauptstadt der Region wäre ohne ihr Hinterland, ohne die ausgedehnte Hügellandschaft mit ihren Weinreben und Olivenhainen, den romanischen Landkirchen und den prachtvollen Villen nicht denkbar – Kultur und Natur, Stadt und Umland gehören seit mittelalterlichen Zeiten fest zusammen. Florenz zählt heute zu den meistbesuchten Kunstorten Italiens – die gesamte Altstadt wurde von der UNESCO zum Weltkulturerbe erklärt – und wartet mit einer schier unglaublichen Dichte an Zeugnissen der Renaissance-Zeit auf, mit eleganten Adelspalästen, harmonischen Kirchenbauten, stimmungsvollen Piazze. Die bedeutendsten Künstler Italiens, darunter Michelangelo, Leonardo da Vinci, Raffael, Donatello, Botticelli und Brunelleschi, wirkten hier. Aber auch auch der Chic der italienischen Mode und die aristokratische Liebenswürdigkeit der Bewohner verleihen Florenz das besondere Flair. Markante Wehrbauten, einsame Kirchlein und malerische Städtchen prägen die uralte Kulturlandschaft der **Chianti-Region.** Abseits vom Touristenstrom liegen die Orte rund um den sich fast vor der Haustür der Florentiner auf 633 m erhebenden **Monte Albano.** Die Hügellandschaft westlich von Florenz bietet beim Wandern immer wieder unerwartete Panoramen weit ins Land hinein, das zahlreiche Sehenswürdigkeiten birgt, darunter die Kunstschätze Pratos und das interessante Centro Storico Pistoias.

Ockergelb bis leicht bräunlich mit einem dunklen erdigen roten Ton: Diese Farbe charakterisiert die **Terre di Siena.** Das warme Sonnenlicht taucht die Gebäude der geschlossen mittelalterlichen Altstadt **Sienas** in diese Braunnuance, lässt die weiten Getreidefelder des toskanischen Südens glänzen, verzaubert die abgeernteten Erdschollen. Schmuckkästchen wie San Gimignano oder Certaldo, Montalcino, Pienza oder Montepulciano scheinen mit der Natur verwachsen zu sein. Jeder kleine Ort, jede Stadt rühmt sich einer langen Vergangenheit, bewahrt Kunstzeugnisse aus der Blütezeit der kommunalen Selbstständigkeit, verwöhnt den Besucher mit lokalen Spezialitäten. Neben den einzigartigen Geschlechtertürmen San Gimignanos nahm die UNESCO daher auch das Gesamtkunstwerk Val d'Orcia, diese faszinierende, in Jahrhunderten gewachsene Parklandschaft in das Weltkulturerbe auf. Weltberühmt sind die Weine dieses Gebiets, der edle Brunello aus Montalcino und

der Vino Nobile aus Montepulciano. Ganz anders, nämlich intensiv
grün, zeigen sich die schattigen
Wälder am schon lange erloschenen Vulkan Monte Amiata, der
als Blickfang die gesamte Südtoskana beherrscht.

Ob weite Sandstrände, einsame
Felsbuchten, Tauchreviere, quirli-
ges Strandleben, Pinienwald oder
ein Bilderbuch-Sonnenuntergang:
**Die tyrrhenische Küste** gibt sich
abwechslungsreich. Edle Boutiquen säumen die Promenaden in
der Versilia, in Viareggio oder
Forte dei Marmi, vor der grandiosen Kulisse der Apuanischen Alpen. An der Costa degli Etruschi
südlich der Hafenstadt Livorno

Blick auf die Abtei
Badia di Passignano im Chianti

wechseln felsige Küstenabschnitte mit flachen Sandbuchten. Vor hohen
Schirmpinien öffnet sich die vielleicht schönste Bucht der Toskana, der
Golf von Baratti. Südlich von Piombino, des Fährhafens nach Elba, beginnt die Maremma mit ihren weiten sandigen Stränden vor grüner
Macchia und Pinienhainen. Doch nicht nur Bade- und Wasserspaß,
auch die Kunst kommt an der Küste nicht zu kurz. Alles überragt der
weltberühmte Schiefe Turm in Pisa, doch hier liegen auch das heitere
Lucca, das Kleinod Massa Marittima, das Dörfchen Sovana, das in je-
dem Mittelalterfilm als Kulisse der Extraklasse dienen könnte: Die herrliche Aussicht aufs Meer von den Hügeln gibt es gratis dazu.

Einer der hervorragenden Renaissance-Maler, Piero della Francesca,
begleitet den Reisenden durch **Arezzo und das Aretino.** In dem lebhaften Handelszentrum Arezzo, mit dem größten Antiquitätenmarkt der
Toskana, eröffnet sich die Großartigkeit der Fresken Pieros in der Kirche San Francesco. Seine berühmte schwangere *Madonna del Parto* in
Monterchio und sein feierliches Auferstehungsfresko in Sansepolcro
führen hinüber ins Val Tiberina, ins obere Tiber-Tal. Cortona mit seinen etruskischen Meisterwerken gewährt einen herrlichen Ausblick
über das Chiana-Tal im Süden Arezzos. Die laubengesäumten Stadt-
plätze geben Poppi und Stia im Casentino ein fast schon norditalieni-
sches Flair. Die stillen Klöster La Verna, bei Chiusi della Verna am Fuße
des Monte Penna, und Camaldoli, in den jahrhundertealten Wäldern
des Nationalparks Foreste Casentinesi-Monte Falterona-Campigna
gelegen, strahlen eine meditative, von Naturliebe durchtränkte Atmosphäre aus.

# Die schönsten Touren

## Die UNESCO-Highlights in einer Woche

**①** **Pisa ❯ Florenz ❯ San Gimignano ❯ Siena ❯ Val d'Orcia ❯ Pienza**

### Distanzen:
**Pisa ❯ Florenz** 85 km/49 Min. Zug; **Florenz ❯ San Gimignano** 54 km/1,20 Std. Bus 130 in Poggibonsi/40 Min. Pkw; **San Gimignano ❯ Siena** 41 km/1,10 Std. Bus/35 Min. Pkw; **Siena ❯ San Quirico d'Orcia** 43 km/1 Std. Bus (über Montalcino und Sant'Antimo mit Pkw 65,5 km/1 Std.); **San Quirico d'Orcia ❯ Pienza** 9,5 km/15 Min. Bus u. Pkw.

### Verkehrsmittel:
Von Pisa nach Florenz fährt man am besten mit dem Zug (Verbindungen stdl.; www.trenitalia.com), von Florenz nach San Gimignano und weiter nach Siena mit dem Bus (www.trainspa.it). Für die Tour ins Orcia-Tal nimmt man einen Mietwagen oder fährt mit dem Bus (tagsüber regelmäßige Verbindungen, abends keine). Das Straßennetz ist gut ausgebaut, kleinere Straßen sind oft kurvenreich.

Die Tour beginnt mit der wohl bekanntesten Sehenswürdigkeit der Toskana, dem ***Schiefen Turm in ***Pisa ❯ S. 104. Wie für die Ewigkeit gebaut, ganz in Weiß, erheben sich am ***Domplatz, Weltkulturerbe der UNESCO, Campanile, ***Dom und ***Baptisterium aus der grünen Wiese. Die Atmosphäre der Studentenstadt erleben Sie am besten beim Bummel durch das Centro Storico rund um die Uni. Die Hauptstadt der Region, ***Florenz ❯ S. 47, deren gesamte Altstadt Weltkulturerbe ist, erwartet Sie am zweiten und dritten Tag. Wer sich die Kunstschätze der großen Museen nicht entgehenlassen möchte, aber auch keine Zeit in langen Warteschlangen verlieren will, nutzt den Bestellservice für Eintrittskarten von Firenze Musei ❯ S. 51. Spazieren Sie vom **Dom mit der alles überragenden roten Kuppel Brunelleschis zum weltlichen Zentrum, der *Piazza della Signoria mit dem mächtigen **Palazzo Vecchio, der eleganten **Loggia dei Lanzi und dem noblen

»Caffè Rivoire«. Auf dem **Ponte Vecchio** locken die Auslagen der Goldschmiede, im Viertel Oltrarno der größte Florentiner Renaissance-Palast, der **Palazzo Pitti**. An der nahen Piazza Santo Spirito kann man den Abend ausklingen lassen. Am nächsten Tag bestaunen Sie Michelangelos Architektur in den **Cappelle Medicee**, Brunelleschis Konstruktionen in **San Lorenzo**, bevor Sie sich dem Straßenmarkt und der Markthalle zuwenden. Echt toskanische Küche genießt man nahebei. Nach den zarten **Fresken** Fra Angelicos im **Museo di San Marco** widmen Sie den Nach-

Domensemble in Florenz

mittag dem Chic der Florentiner Boutiquen rund um die Piazza della Repubblica und in der Via de' Tornabuoni. Vor dem Abendessen besteigen Sie am Hauptbahnhof Bus Nr. 12 oder 13 bis zum Piazzale Michelangelo, um von dort den einmaligen **Blick** auf die Arno-Stadt im Abendrot zu genießen. Beim Abstieg über die Porta San Miniato können Sie die Enothek »Fuori Porta« nicht verfehlen.

Der folgende Tag gehört dem »Manhattan der Toskana«, dem noch ganz mittelalterlich geprägten, von der UNESCO ins Weltkulturerbe aufgenommene ***San Gimignano*** **›** S. 83 mit seinen Geschlechtertürmen. Am Abend genießen Sie ein Gläschen des lokalen Vernaccia-Weines auf der **Piazza della Cisterna**.

***Siena*** **›** S. 78 präsentiert sich am fünften Tag als rotbraunes Gesamtensemble aus Backstein. Das Herz des von der UNESCO als Weltkulturerbe gewürdigten ***historischen Zentrums*** pocht an der zentralen ***Piazza del Campo***, die harmonisch vom **Palazzo Pubblico** abgeschlossen wird. Nach einer Stärkung in einer der Restaurant-Bars steigen Sie zum ***Dom*** hinauf. Anschließend sollten Sie auf Sienas Einkaufsmeilen Via di Città und Via Banchi di Sopra bummeln, das Sieneser *Panforte* erstehen, bevor Sie in der stilvollen »Compagnia dei Vinattieri« Spezialitäten zu exzellenten Weinen verzehren.

An den letzten beiden Tagen besuchen Sie das ebenfalls UNESCO geadelte ***Val d'Orcia*** **›** S. 89 und tauchen ein in den von Menschenhand über Jahrhunderte gestalteten Landschaftspark. Weiße Schafherden, knallgelbe Sonnenblumen, Getreidefelder mit leuchtend roten Mohnblumen – harte, staubige gelblich schimmernde Erdbrocken: Je nach Jahreszeit begleiten Sie die Hügel und die traumhaften **Ausblicke** entlang der Via Cassia, von einem Ort zum nächsten. Beginnen Sie mit einem Spaziergang durch das malerische **Montalcino** ❯ S. 89 und verkosten Sie den Spitzenwein Brunello di Montalcino in der Enothek der **Rocca**. Am Nachmittag lassen Sie sich von der feierlichen Schönheit der **Abteikirche Sant'Antimo** ❯ S. 90 verzaubern, bevor Sie über das Burgstädtchen **Castiglione d'Orcia** in das reizende **Bagno Vignoni** ❯ S. 90 zum Abendessen weiterfahren. Über **San Quirico d'Orcia** ❯ S. 90 reisen Sie durch eine herrliche Landschaft zur unter UNESCO-Schutz stehenden Renaissance-Idealstadt **Pienza** ❯ S. 91. Der wohlschmeckende Pecorino des Ortes macht den Abschied aus der Region leichter – man kann ihn schließlich mit nach Hause nehmen.

## Kleine Schönheiten in 9 Tagen

❯2❯ **San Miniato** ❯ **Certaldo** ❯ **Colle di Val d'Elsa** ❯ **Volterra** ❯ **Massa Marittima** ❯ **Castiglione della Pescaia** ❯ **Orbetello** ❯ **Pitigliano** ❯ **Sovana** ❯ **Santa Fiora** ❯ **Radicofani** ❯ **Montepulciano** ❯ **Cortona** ❯ **Sansepolcro**

### Distanzen:
**San Miniato** ❯ **Certaldo** 27 km; **Certaldo** ❯ **Colle di Val d'Elsa** 27 km; **Colle di Val d'Elsa** ❯ **Volterra** 27,5 km; **Volterra** ❯ **Massa Marittima** 65 km; **Massa Marittima** ❯ **Castiglione della Pescaia** 59 km; **Castiglione della Pescaia** ❯ **Orbetello** 97 km; **Orbetello** ❯ **Pitigliano** 62 km; **Pitigliano** ❯ **Sovana** 8 km; **Sovana** ❯ **Santa Fiora** 47 km; **Santa Fiora** ❯ **Radicofani** 50 km; **Radicofani** ❯ **Montepulciano** 27 km; **Montepulciano** ❯ **Cortona** 30 km; **Cortona** ❯ **Sansepolcro** 60 km.

### Verkehrsmittel:
Am besten fährt man die Tour mit dem Auto. Alle Orte sind aber auch mit dem Überlandbus ❯ S. 18 erreichbar, die Küstenorte auch mit der Bahn (www.fsitaliane.it).

Die Tour berührt Orte voller Anmut und Kunst, die das Gesicht der Region nicht minder prägen als ihre berühmteren Schwestern Florenz oder Pisa. Sie beginnt in **San Miniato** ❯ S. 85. Genießen Sie die exzellenten Gerichte in der Trüffelstadt! Nach dem Mittagessen reisen Sie weiter in das bezaubernde **Certaldo Alto** ❯ S. 84, das sich an der Via Boccaccio aufreiht, die am prachtvollen **Palazzo Pretorio** endet.

Auf einer der landschaftlich schönsten Strecken der Region fährt man am zweiten Tag über ***San Gimignano*** ❯ S. 83 ins Glaszentrum der Toskana: *Colle di Val d'Elsa › S. 82. Durch eine traumhaft schöne Hügellandschaft geht es nach **Volterra › S. 86. Durchstreifen Sie die strengen Altstadtgassen, wandern Sie hinaus zu den spektakulären *Balze › S. 87. Am nächsten Tag warten die Zeugnisse etruskischer Kunst im **Archäologischen Museum. Nach einem Mittagessen auf der *Piazza dei Priori fahren Sie eine kurvenreiche, aber herrliche Strecke über Larderello nach *Massa Marittima › S. 121. Lassen Sie sich von der Abendstimmung auf der *Piazza Garibaldi verzaubern.

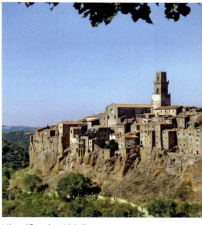

Hinreißendes Pitigliano

Nach der Besichtigung des mittelalterlichen *Centro storico können Sie tags darauf am *Sandstrand vor dem Pinienhain von Punta Ala › S. 121 das Meer genießen. Am Abend laben Sie sich im hübschen *Castiglione Castello › S. 123 an der Fischküche. Nach einem oder mehreren Badetagen reisen Sie zum *Monte Argentario › S. 124 und schauen bei der Rundfahrt um den 635 m hohen Berg nicht nur auf das einzigartige *Panorama mit den toskanischen Inseln, sondern auch auf die Fahrbahn! In das Hinterland der Maremma geht es am sechsten Tag. Über einem tiefen Abgrund kleben die Häuser von *Pitigliano › S. 124. In einem der charakteristischsten Dörfchen der Toskana, *Sovana › S. 125, wandern Sie zu etruskischen *Grabdenkmälern, erleben die abendliche Stimmung auf der *Piazza Pretorio. Am nächsten Tag werden die Hügel höher, die Aussicht weiter bei der Anfahrt auf den Monte Amiata › S. 95. Das reizvollste Städtchen ist sicher Santa Fiora › S. 96. Wenn Sie möchten, legen Sie einen Wandertag in den lichten Laubwäldern des ehemaligen Vulkans ein oder einen Badetag in den Bagni San Filippo › S. 96 unterhalb von *Radicofani › S. 96. Über die halbe Südtoskana reicht der *Blick von diesem 896 m hohen Festungsort. Anderntags geht es durch die herbe Crete-Landschaft hinüber nach *Montepulciano › S. 92. Ein Kleinod mittelalterlicher Baukunst auf etruskischem Grund wartet mit *Cortona › S. 134 am folgenden Tag. Steigen Sie hinauf zur Kirche Santa Margherita: Das **Panorama schließt sogar den Trasimenischen See mit ein. Der letzte Tag führt Sie nach *Sansepolcro › S. 135, ein schmucker Ort im Tiber-Tal, wo man einige der besten **Werke Piero della Francescas besichtigen kann. Ein bisschen shoppen und abends die lokale Küche genießen: Ein idealer Abschluss für eine Toskana-Reise.

Karte
Umschlag
hinten

# Naturerlebnis Toskana

**—3—** Artimino › Barga › Carrara › Castagneto Carducci › Campiglia Marittima › La Sterpaia › Massa Marittima › Regionalpark Maremma › Sovana › Monte Amiata › Val d'Orcia (Orcia-Tal) › Greve in Chianti › Castellina in Chianti › Foresta di Camaldoli › Stia

## Distanzen:
**Artimino** › **Barga** 124 km; **Barga** › **Carrara** 60 km; **Carrara** › **Castagneto Carducci** 133 km; **Castagneto Carducci** › **Campiglia Marittima** 41 km; **Campiglia Marittima** › **La Sterpaia** 18 km; **La Sterpaia** › **Regionalpark Maremma (Massa Marittima)** 100 km; **Regionalpark Maremma** › **Sovana** 90 km; **Sovana** › **Monte Amiata** 67 km; **Monte Amiata** › **Orcia-Tal** 71 km; **Orcia-Tal** › **Greve in Chianti** 108 km; **Greve in Chianti** › **Castellina in Chianti** 40 km (5–8 Std. per Fahrrad); **Castellina in Chianti** › **Foresta di Camaldoli** 120 km; **Foresta di Camaldoli** › **Stia** 17 km.

## Verkehrsmittel:
Am besten sind die einzelnen Wander- und Bike-Gebiete mit dem Pkw zu erreichen. Mit Überlandbussen › S. 18 kommen Sie auch überall hin, es dauert nur viel länger. Wenn Sie sich auf wenige Wander- und Fahrradtouren (zu Kartenmaterial und Tourinfos › S. 22) beschränken, können Sie auch alles zu Fuß und mit öffentlichen Verkehrsmitteln bzw. mit dem Bike bewältigen, die Fahrradtouren sind in der Regel anspruchsvoller.

Als Einstieg in eine Naturtour der Toskana mit ihren unterschiedlichen Landschaften beginnen Sie mit dem **Montalbano** › S. 64, ein Gebiet, das noch nicht vom Massentourismus überlaufen ist. Von **Artimino** mit seinem herrlichen Ausblick › S. 68 wandern Sie bis nach **Carmignano** › S. 66, wo Sie auch übernachten (Tourbeschreibung auf Dt.: www.montalbano.toscana.it/tedesco/trekking.php).

Am zweiten Tag fahren Sie hinauf in die **Garfagnana**, in das malerische *Barga › S. 112, einem idealen Ausgangspunkt für Mountainbike-Touren in die Bergwelt des Apennin. Nach einer Übernachtung in Barga wechseln Sie ans Tyrrhenische Meer in die *Versilia › S. 113. Hier lockt ein Ausflug von Carrara nach **Campo Cecina** in den **Nationalpark Apuanische Alpen** › S. 114 mit traumhaftem *Panorama. Legen Sie einen Badetag an den Sandstränden der Versilia ein, übernachten können Sie in **Viareggio** › S. 113, bevor Sie an der Etruskischen Küste von **Castagneto Carducci** › S. 119 aus entweder zu Fuß oder mit dem Fahrrad die Hügellandschaft hinter der Küste erkunden (Tourbeschreibung auf Dt. www.costadeglietruschi.it). Übernachten können Sie in **Marina di Castagneto Carducci** › S. 119.

Nach einem weiteren Badetag an der **Costa degli Etruschi** › S. 116 fahren Sie bis **Campiglia Marittima** › S. 120 und durchstreifen den *Parco Archeominerario. Nehmen Sie Quartier in **San Vincenzo** › S. 120. Am folgenden Tag lädt das Naturschutzgebiet *La Sterpaia südlich von **Piombino** › S. 121 zum Wandern und Baden ein. Im nahen *Massa Marittima* › S. 121 können Sie übernachten. Tags darauf erkunden Sie den *Regionalpark Maremma* › S. 123, wandern, biken und baden am unverbauten *Sandstrand. Ein Spaziergang durch fast dschungelartige Wildnis erwartet Sie nach einer Übernachtung in *Sovana* › S. 125 bei der Besichtigung der etruskischen *Grabbauten. Am nächsten Tag genießen Sie die lichten Laubwälder am **Monte Amiata** › S. 95, sowohl per pedes als auch besonders mit dem Bike bei der *Grand Tour dell'Amiata Senese* › S. 96. Nach zwei weiteren Übernachtungen wandern oder radeln Sie in der herrlichen Parklandschaft des **Orcia-Tals** auf dem 3-stündigen *Anello Val d'Orcia* bei **Bagno Vignoni** › S. 90. Die Weinberge des Chianti lernen Sie an den folgenden Tagen bei einer Fahrradtour vom hübschen *Greve in Chianti* › S. 60 nach **Castellina in Chianti** › S. 63 kennen. Die Naturtour führt abschließend durch die jahrhundertealte *Foresta di Camaldoli* › S. 137 auf der 2-stündigen Rundwanderung *Sentiero Natura* im **Nationalpark Foreste Casentinesi-Monte Falterona-Campigna** oberhalb von *Stia* › S. 138.

# Touren in den Regionen

| Touren | Region | Dauer | Seite |
|--------|--------|-------|-------|
| Von Florenz ins Chianti | Florenz, Chianti | 4–6 Tage | 43 |
| Am Monte Albano | Monte Albano | 5 Tage | 44 |
| Von Siena nach San Gimignano und ins Elsa-Tal | Siena und Terre di Siena | 7 Tage | 73 |
| Durch die Crete ins Chiana-Tal | Terre di Siena | 5 Tage | 74 |
| Am Monte Amiata | Terre di Siena | 3 Tage | 75 |
| In der Versilia | Tyrrhenische Küste | 4 Tage | 99 |
| Die Costa degli Etruschi | Tyrrhenische Küste | 5 Tage | 101 |
| Die Maremma | Tyrrhenische Küste | 7 Tage | 102 |
| Pieros Fresken und die Bergwelt des Casentino | Arezzo und Aretino | 5–6 Tage | 127 |

# Klima und Reisezeit

Im Winter in die Toskana reisen? Nun, an einem sonnigen Februartag hat man bei oft mehr als 15 °C viele Museen und Kirchen nahezu für sich allein. Am Meer zu wandern macht auch zu dieser Zeit Spaß – selbst wenn man für alle Fälle einen Schirm mitnehmen sollte.

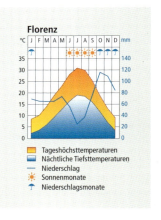

Ob Florenz im Hochsommer, wenn das Thermometer fast 40 °C anzeigt, noch ein Vergnügen ist, muss jeder selbst entscheiden – auch wenn dann Sonderangebote und ein breitgefächertes Kulturprogramm locken. Von Ostern bis Oktober wird man kaum ein bedeutendes Kunstwerk in Ruhe betrachten, Reisegruppen aus aller Welt kommen gerade im Sommerhalbjahr v.a. nach Florenz, Siena, Pisa und San Gimignano. Die Küste wird weniger von ausländischen Touristen besucht, hier dominieren die Italiener, und zwar vor allem im August.

Die schönsten Jahreszeiten für das Erleben der toskanischen Landschaft sind das Frühjahr – mit knallgelben Raps-, goldgelben Getreidefeldern, roten Mohnblumen im Mai – und der Herbst, wenn die in Grau- und Brauntönen leuchtenden abgeernteten Schollen und die bunt gefärbten Weinreben und Laubbäume der Region einen sehr eigenen, herben Reiz verleihen. Im Mai oder September bietet sich auch fast immer die Möglichkeit, Badeferien mit Kultururlaub zu verbinden.

# Anreise

### Mit der Bahn

Direkte Fernzüge verkehren täglich nachts von München und Wien nach Florenz; in den Sommermonaten gibt es Verbindungen mit Autoreisezügen aus Deutschland (Hamburg, Berlin, Hildesheim, Düsseldorf, Neu Isenburg), allerdings nur bis Norditalien (www.dbautozug.de), sowie auch von Wien nach Livorno (www.obb-italia.com).

## Mit dem Auto

Nationalitätskennzeichen (D, A, CH) müssen angebracht sein. Die grüne Versicherungskarte wird empfohlen. Das Mitführen einer Warnweste im Auto ist Pflicht.

Die Autobahnen sind mautpflichtig. Am Wochenende und in den Ferien ist um Mailand, Bologna und Florenz mit Staus zu rechnen. Auf außerstädtischen Straßen muss man auch tagsüber mit Abblendlicht fahren. Auf Landstraßen gilt ein Tempolimit von 90 km/h, auf Autobahnen und Schnellstraßen zwischen 90 und 130 km/h, bei Regen auf Autobahnen von 110 km/h. Verstöße werden mit drastischen Bußgeldern geahndet.

**!** Lassen Sie nichts im Auto liegen, was Diebe reizen könnte. Stellen Sie es in einer Garage oder auf einem bewachten Parkplatz ab. Im Fall eines Diebstahls verständigen Sie die Polizei *(questura)*; Sie brauchen das Protokoll für Ihre Versicherung.

## Mit dem Flugzeug

Direktflüge nach Florenz und Pisa gibt es von mehreren deutschen Städten sowie aus Österreich und der Schweiz.

Vom Flughafen in Florenz/Peretola (www.aeroporto.firenze.it) fährt der Airportshuttle »Vola in Bus« etwa alle 30 Min. zum Bahnhof Santa Maria Novella in Florenz (5 €). Busse verkehren auch vom Flughafen nach Prato, Pistoia, Montecatini, Lucca, Viareggio (www.lazzi.it) und Siena (www.trainspa.it); ein Taxi in die Stadt kostet 20–23,30 €.

Vom Flughafen Galileo Galilei in Pisa (www.pisa-airport.com) gelangt man mit dem Bus LAM Rossa in 5 Min. zum Bahnhof; ein Taxi in die Stadt kostet zwischen 5,70 und 8 €. Eine direkte Bahnlinie besteht zwischen Flughafen Pisa–Hauptbahnhof Pisa–Bahnhof Santa Maria Novella Florenz (stündl.); direkte Buslinien fahren vom Flughafen Pisa nach Florenz (www.terravision.eu), Siena (www.trainspa.it), Lucca und Viareggio/Pietrasanta (www.lazzi.it).

# Reisen in der Toskana

## Mit der Bahn

Die Bahn ist relativ preisgünstig und daher ideal für Städtetouren in der Toskana (www.fsitaliane.it). Die Regional- und Lokalbahnen verkehren regelmäßig, und das Streckennetz ist relativ gut ausgebaut. Die Fahrscheine sind vor dem Einsteigen an den gelben Entwertern am Bahnsteig abzustempeln (auch Hin- und Rückfahrkarten vor der Hin- und der Rückfahrt).

## Mit dem Auto

Ein Auto braucht man, um über Land viele kleine Orte in kurzer Zeit zu erreichen. In den meisten Orten ist das Centro Storico (Altstadt) für den privaten Autoverkehr gesperrt. Zentrumsnah parken ist in den größeren Orten gebührenpflichtig (Parkautomaten); meist kennzeichnen blaue Linien Touristenparkplätze, weiße die Parkplätze für Einheimische. In der Hauptsaison reserviert man Mietwagen besser vorher; im Winter kann man günstige Angebote vor Ort nutzen.

[!] In dichten Macchia-Gebieten kreuzen Wildschweine und vor allem Stachelschweine die Straßen!

## Mit dem Bus

Überlandbusse verbinden alle Orte der Region, kleinere jedoch nur selten pro Tag. Zwischen manchen Städten, z.B. Florenz und Siena, ist der Bus schneller als der Zug. Die Fahrkarten für innerstädtische Busse erwirbt man bei den Verkaufsstellen der Busgesellschaften, an Zeitungskiosken, in Bars und *tabacchi*-Läden. Sie müssen im Bus entwertet werden. Es gibt meist 60/70-Minuten-Tickets, Tages- und Wochenkarten.

[!] An einer *fermata a richiesta* (»Halt auf Anforderung«) halten Busse nur auf deutliches Handzeichen.

Die wichtigsten Busunternehmen und Hauptstrecken sind:

■ **LAZZI**
**Florenz: am Hauptbahnhof, Piazza Stazione 3/r, Fahrkartenschalter**
**Tel. 0 55 21 51 55** ][ **Lucca: Piazzale Verdi, Tel. 05 83 58 78 97** ][ **Viareggio: am**
**Lungomare, Piazza d'Azeglio, Tel. 0 58 43 09 96** ][ **Pisa: Piazza San Antonio 1**
**(Nähe Bahnhof, Busterminal), Tel. 05 04 62 88; www.lazzi.it**
Fahrten von Florenz Richtung Meer und zurück sowie Direktverbindung
Florenz–Lucca, Florenz–Viareggio.

■ **COPIT**
**Pistoia: Piazza della Stazione** ][ **Tel. 05 73 36 32 43** ][ **www.copitspa.it**
**www.blubus.it**
Verbindungen in die Provinz Pistoia sowie nach Florenz und Lucca.

■ **CAP**
**Prato: Nähe Bahnhof** ][ **Piazza Stazione** ][ **Tel. 05 74 60 82 35**
**www.capautolinee.it**
Verbindungen in die Provinz Prato und nach Florenz.

■ **LFI**
**Arezzo: Busterminal am Bahnhof** ][ **Via Guido Monaco** ][ **Tel. 0 57 53 98 81**
**www.lfi.it**
Verbindungen in die ganze Provinz Arezzo; s. auch www.etruriamobilita.it

■ **TRAIN**
**Siena: Abfahrt und Verkauf: Piazza Gramsci** ][ **Fußgängerunterführung**
**am Platz La Lizza** ][ **Tel. 05 77 20 42 25** ][ **www.trainspa.it**
Verbindungen in die ganze Provinz Siena, nach Florenz und Arezzo.

**Special**

# Unterwegs mit Kindern

Die toskanische Küste lädt Bambini zu Sand und Meer ein. Zahlreiche Vergnügungs-, Themen- und Abenteuerparks mit vielfältigen Attraktionen bieten eine anregende Alternative zu den kulturellen Highlights.

## Vergnügungsparks

Ob spektakuläre Riesenrutschen, Familienachterbahn, Wildwasserfahrten oder Pferdereiten – hier wird Kindern und Jugendlichen Action geboten. Snack Bars, Eisdielen und Pizzerien sorgen für das leibliche Wohl.

■ **Acqua Village Follonica**
**Via Sanzio – Zona Capannino**
**58022 Follonica (Ortsteil Mezzaluna)**
**Tel. 05 66 26 37 35**
■ **Acqua Village Cecina**
**Via Tevere 25 ][ 57023 Cecina**
**Tel. 05 86 62 25 39**
**Beide Parks: www.acquavillage.it**
Mitte Juni–Anf. Sept. tgl. 10–18 Uhr; So, Fei Erw. 20 €, 3–11 J. 14 €, 0–3 J.

gratis, werktags 18 € bzw. 14 €, ab 15 Uhr 14 € bzw. 10 €, Cecina für Erw. 2 € mehr.
■ **Cavallino Matto**
**Via Po 1**
**57024 Marina di Castagneto**
**Carducci** ][ **Tel. 05 65 74 57 20**
**www.cavallinomatto.it**
Mitte Mai–Mitte Sept. tgl. 10–18, Mitte Aug. bis 19 Uhr, April bis 2. Sept.-Hälfte nur Sa, So 10–18 Uhr, Okt. nur So; Erw. 22 €, über 65 J. u. Kinder von 90–140 cm 17 €, bis 90 cm gratis.

## Themenparks

Pinocchio ist in Collodi ❯ S. 112 zu Hause, und im Pinocchio-Park lernen die Kinder die Stationen der Geschichte kennen. Dinosaurier-Fans fahren nach Peccioli im Hinterland der Etruskischen Riviera ❯ S. 116, wo man unter schattigen Bäumen lebensgroße Dinosaurier bestaunen und im Schatten picknicken kann.

■ **Pinocchio-Park**
❯ S. 112
■ **Parco preistorico –
Dinosaurierpark**
Via Cappuccini 20 ][ 56037 Peccioli
Tel./Fax 05 87 63 60 30
www.parcopreistorico.it
Tgl. 9 Uhr bis Sonnenuntergang;
dt. Beschriftungen; 1. April–31. Aug.
pro Pers. 4 €, Kinder ab 4 J. 1. Sept.–
31. März nur 3 €, bis 3 J. gratis.

## Tierwelt erleben

Tiere beobachten im Wildpark
oder im Zoo, die Vielfalt und
Schönheit der Unterwasserwelt
der Küste in einem Aquarium bewundern: Die Toskana bietet
spannende Einblicke in die Fauna
der Region.

■ **Acquario Mediterraneo
dell'Argentario**
Lungomare dei Navigatori 44
58019 Porto Santo Stefano
Tel. 05 64 81 59 33
www.acquarioargentario.org
Juli–Aug. tgl. 10.30–12.30, 17–24:
1. Sept.-Hälfte tgl. 10.30–12.30,
17–20, Juni, 2. Sept.-Hälfte, Di–Fr
16–20, Sa, So 10.30–12.30, 16–20,
Okt.–Mai Di–Fr 15–19, Sa, So 10.30
bis 12.30, 15–19 Uhr; Erw. 4,50 €, über
60 J. 2 €, 6–12 J. 1 €, unter 6 J. gratis.

■ **Giardino Zoologico di Pistoia**
Via Pieve a Celle 160/a
51030 Pistoia ][ Tel. 05 73 91 12 19
www.zoodipistoia.it
Sommer tgl. 9–19, Winter tgl. 9.30 bis
17 Uhr, Erw. 13,50 €, 3–10 J. 10 €.
■ **Parco Faunistico dell'Amiata**
❯ S. 96
■ **1° Parco Zoo della Fauna
Europea**
52014 Poppi ][ Tel. 05 75 50 45 41
www.parcozoopoppi.it
Tgl. 9 Uhr bis Sonnenuntergang;
Erw. 7 €, 2–10 J. 6 €.

## Abenteuerparks

Sich einmal wie Tarzan von Baum
zu Baum hangeln? Abenteuer-
parcours verschiedener Schwierigkeitsgrade warten hier auf die
Besucher.

■ **Il giardino sospeso**
56046 Riparbella (Ortsteil Giardino)
Tel. 05 86 44 44 07
www.ilgiardinosospeso.it
März–Mai, Okt., Nov. Sa, So, Fei ab
10, Sept. Mo–Fr ab 14, Sa, So, Fei ab
10 Uhr, Juni–Mitte Sept. tgl. ab 10 Uhr,
Kasse jeweils bis 3 Std. vor Sonnenuntergang; Erw. u. Kinder über 140 cm
15 €, Kinder unter 140 cm 12 €.

■ **Parco Avventura Fosdinovo**
Via Cucco ][ 54035 Fosdinovo
Tel. (Mobil) 32 09 06 07 49
www.parcoavventurafosdinovo.com
Mitte März–Mitte Juni Sa, So, Fei 11
bis 17.30 (letzter Einl. 14.30 Uhr),
Mitte Juni–Mitte Sept. tgl. außer Di,
Aug. tgl. 10–19 (letzter Einl. 15.30 Uhr),
Mitte Sept.–Okt. Sa, So, Fei 10–19 Uhr
(letzter Einl. 15.30 Uhr); Erw. 20 €, Kinder 8 € (für Kinderparcours unter Auf-
sicht der Eltern), bis 17 J. 15 € (mind.
1 erw. Begleitpers. für jew. 4 Jugendl.).

# Sport und Aktivitäten

Ob für die sportliche Betätigung, für den Wellness-Urlaub oder geistige Anregungen, die Toskana hält ein breit gefächertes Programm bereit.

## Im und auf dem Wasser

■ **Baden** kann man an der ganzen Küste – die Flussmündungen sollte man jedoch aufgrund der Verschmutzung meiden. Von Nord nach Süd wechseln die sandigen Strände der Versilia mit den felsigen Badebuchten der Etruskischen Riviera, um dann in die Sandstrände der Maremma überzugehen.

■ **Segelschulen** gibt es 38 an der toskanischen Küste. Infos bei den örtlichen Tourismusbüros (APT) sowie im Internet: www.velalinks.it (Button: Scuole di Vela Estero, Italia).

■ **Tauchschulen** finden sich in Forte dei Marmi, Viareggio (Auskunft: APT ❯ S. 114), San Vincenzo ❯ S. 120 und Porto Santo Stefano, V. Civilini 10 (Tel. 05 64 81 29 39). Weitere Auskünfte über die APT.

■ **Kitesurf-Schulen und -zentren** der Toskana liegen in Vada ❯ S. 119 und Talamone ❯ S. 123.

■ **Motorboote** kann man u.a. im Golf von Baratti (www.porto dibaratti.it) und in Viareggio mieten (www.aptversilia.it/it//servizi/noleggio-imbarcazioni_129.html; nur Ital.). Die Organisation Avventure H20 organisiert **Raftingtouren** (März–Mai, Mitte Sept.–Dez.) und **Hydrospeed-Abfahrten.** Infos (nur Ital.): www.avventureh2o.it

Badevergnügen am Lido di Camaiore zwischen Viareggio und Marina di Pietrasanta

■ Für das **Hochseeangeln** und die **Unterwasserjagd** eignet sich die Etruskische Riviera gut. Beides ist ohne Genehmigung gestattet. Für das Angeln in Flüssen benötigt man die Erlaubnis der Provinzialverwaltung (www.fipsas.com/site2007/; nur Ital.)

## Wandern

Das Trekking, wie die Italiener das Wandern nennen, kommt immer mehr in Mode, das Wegenetz wird ständig ausgebaut. Die Tour *Grande Escursione Appenninica* (kurz GEA) führt in 25 Tagen 400 km durch den toskanischen Apennin. Zum Wandern eignen sich Frühjahr und Herbst am besten, die Sommerhitze ist zu groß (außer in den Apuanischen Alpen und am schattigen Amiata). Sehr gute Tourbeschreibungen (mit Angaben zu Zeit und Schwierigkeitsgraden) findet man auf den Internetseiten der örtlichen Touristenbüros.

■ **Born & Hennig Wanderreisen**
**Im Diepental 36** ][ **40597 Düsseldorf** ][ **Tel. (Mobil Italien) 00 39 33 87 29 89 70**
**www.italienwandern.com**
Organisieren begleitete Wanderungen z.B. in 7 Tagen von Florenz nach Siena.

■ **Club Alpino Italiano (CAI)**
**Florenz** ][ **Via del Mezzetta 2/m** ][ **Tel. 05 56 12 04 67**
**www.caifirenze.it (nur Ital.)**
Bietet eigene Exkursionen an und gibt wie die örtlichen ATP-Büros Auskünfte zu den ausgeschilderten Routen. Bürozeiten: Mo–Fr 16–19, Fr auch 9–12.30 Uhr; im August geschlossen.

**Buch-Tipp** Im Bergverlag Rother sind die Wanderführer Toskana Nord (2008) und Toskana Süd (2009) mit vielen ausführlichen Beschreibungen erschienen.

Die Toskana lässt auch Radler-
herzen höher schlagen

## Radfahren

Längst ist die Region ein beliebtes Revier für Radfahrer! Bei den örtlichen APT erhält man Karten, Auskünfte über Radverleih und ausgeschilderte Touren, auch für Mountainbiker. In bestimmten Regional- *(Treni Regionali)* und Lokalzügen *(Locali)* kann man die Fahrräder mitnehmen.

**Italia Radreisen Girolibero**
**Via Manin 14** ][ **36100 Vicenza**
**Tel. 04 44 33 07 24**
**www.italia-radreisen.it**
Der Spezialist für Rad- und Aktivreisen bietet Radtouren in der Toskana.

Im Sattel die Schönheiten des Chianti zu erkunden ist Urlaub pur

## Reiten

*Maneggi* (Reitställe) sind in der Toskana weit verbreitet. Auskünfte zu **Reiterferien** erteilen die APT. Besonders gut organisiert ist die Costa degli Etruschi mit 170 km Reitwegen. Infos: www.costadeglietruschi.it

## Golfen

kann man in der Toskana u.a. auf dem reizvoll gelegenen Golfplatz Ugolino, 12 km südlich von Florenz, außerdem in Punta Ala, Pietrasanta, Montaione, Scarperia, Monsummano Terme und Tirrenia (alle mind. 18 Löcher). Eine Übersicht unter www.golfing-tuscany.it

## Thermalkuren

bietet in der Toskana nicht nur das noble Thermalbad Montecatini Terme › S. 69, sondern viele Orte. Infos über Anwendungen und Wellness-Angebote: www.turismo.intoscana.it (Terme anklicken).

## Skifahren

Skigebiete sind in den Bergen um Abetone, Cutigliano und Maresca im Pistoieser Apennin erschlossen. Insgesamt sind 50 km Pisten angelegt und über 30 Lifte in Betrieb. Auch am Monte Amiata kann man Ski laufen (Skischule, 25 km Pisten und 12 Langlaufspuren).

■ **IAT Abetone Pistoia Montagna Pistoiese**
**Piazza Piramidi 502 ][ 51021 Abetone ][ Tel. 05 73 60 23 1**
**www.turismo.pistoia.it**
■ **Agenzia per il Turismo dell'Amiata**
**Via Adua 25 ][ 53021 Abbadia San Salvatore ][ Tel. 05 77 77 58 11**
**www.amiataturismo.it, www.amiataneve.it (Schneesituation)**

## Italienisch lernen

Zahlreiche Sprachenschulen bieten Kurse für Ausländer an. Auskünfte erteilen die italienischen Fremdenverkehrsämter (ENIT) ❯ S. 139 und die örtlichen Tourismusbüros (APT). Preisgünstigere Kurse als die Privatschulen bieten die Universitäten:

■ **Florenz: Centro di Cultura per Stranieri**
**Via Francesco Valori 9 ][ 50132 Firenze ][ Tel. 05 55 03 27 03**
**www.ccs.unifi.it** ][ (Infos auch Dt.)

■ **Siena: Università per Stranieri di Siena**
**Centro Linguistico ][ Via Pispini 1 ][ 53100 Siena ][ Tel. 05 77 24 03 02**
**Sekretariat: Piazza Carlo Rosselli 27/28 ][ Tel. 05 77 24 01 06**
**http://cluss.unistrasi.it**

■ **Pisa: Università di Pisa**
**Centro Linguistico Interdipartimentale ][ Via Santa Maria 36 ][ 56126 Pisa**
**Tel. 05 02 21 55 89 ][ www.cli.unipi.it**

## Musikkurse

■ **Musica viva Musikferien**
**Kirchenpfad 6 ][ 65388 Schlangenbad ][ Tel. 0 61 29/50 25 60**
**www.musica-viva.de**

**Echt gut!** **Bietet Chor-, Gesangs-, Instrumenten-, Jazz- und Kammermusikkurse in toskanischen Landhäusern.**

■ Gregorianisches Choralsingen und polyphones Singen kann man im **Kloster Sant'Antimo** lernen, Infos zu einzelnen Kursen im Internet ❯ S. 90.

# Unterkunft

Stilvoll: Hotel Royal Victoria

In der Renaissance-Villa übernachten oder im Kastell aus dem 15. Jh.? Solche Träume kann man in der Toskana verwirklichen – mit dem nötigen Kleingeld. Doch ein Apartment in einem herrlich gelegenen Landhaus kann, gerade außerhalb der Saison, erstaunlich preisgünstig sein.

Die definitiv höchsten Preise zahlt man im August. Über Buchungswebsites kann man für den Rest des Jahres oft Hotelzimmer zu günstigeren Tarifen finden.

# Landhäuser, Villen und Apartments

Vermittlung in Deutschland:

■ **Siglinde Fischer GmbH & Co. KG**
Ahornweg 10
88454 Hochdorf
Tel. 0 73 55/9 33 60
www.siglinde-fischer.de

■ **Toscana Landhäuser GmbH**
Heidenheimer Str. 135
89075 Ulm
Tel. 07 31/96 73 30
www.toscana.de

■ **Toskana.com**
Via della Astronomia 1
57023 Cecina Mare
Tel. 05 86 62 90 00
www.toskana.com

# Campingplätze

gibt es vor allem an der Küste. Im Hochsommer Reservierung empfohlen.

**Confederazione Italiana Campeggiatori**
Via Vittorio Emanuele 11
50041 Calenzano
Tel. 0 55 88 23 91
www.federcampeggio.it

# Agriturismo

Komfortable Ferien auf dem Bauernhof, häufig mit Gasthof und Sportmöglichkeiten.
www.agriturismointoscana.com
www.turismo.intoscana.it

# Jugendherbergen

gibt es in Abetone, Castelfiorentino, Cetona, Cortona, Florenz (3), Lucca, Marina di Massa, Prato, Siena und Tavarnelle Val di Pesa.
www.aighostels.com

## Bezahlbare Hotels mit besonderem Flair

■ Direkt am Arno liegt das schöne alte **Hotel Royal Victoria,** ein bisschen Retro, aber mit allem Komfort, ideal für die **Pisa**-Erkundung. Fragen Sie nach den riesigen Zimmern bei der Reservierung! ❯ S. 108

■ 9 Zimmer und 2 Suiten bietet das kleine **Albergo Falterona** in **Stia**, in einem sorgfältig restaurierten Palazzo des 15. Jhs. Die Atmosphäre ist angenehm, das Personal sehr freundlich. ❯ S. 138

■ In der mächtigen Rocca der Orsini aus dem 16. Jh. in **Sorano,** heute **Hotel della Fortezza**, schläft man in alten Burgräumen; jedes Zimmer ist anders eingerichtet, alle bieten eine einmalige Aussicht. ❯ S. 125

■ In der einstigen Landburg auf einer Hügelkuppe am Rande des Apennin nördlich von Carrara ❯ S. 115 übernachtet man im Agriturismo **Costa d'Orsola.** Herrlicher Panoramablick! **Loc. Orsola, 54027 Pontremoli, Tel. 01 87 83 33 32, www.costadorsola.it; ●●**

■ Ein stilvolles Hotel in einer schönen alten Villa, mitten im grünen Park, wie man es sich im Thermalbad **Montecatini Terme** vorstellt, ist das **Park Hotel Le Sorgenti.** ❯ S. 70

■ Das **Hotel San Lino** in Volterra ❯ S. 86, ehemals ein Nonnenkloster, bietet Zimmer teils im toskanischen ars-povera-Stil, teils mit eleganten Kirschholzmöbeln. Terrasse im stimmungsvollen Innenhof, Pool, Frühstücksbuffet. **Via San Lino 26, 56048 Volterra, Tel. 0 58 88 52 50, www.hotelsanlino.com; ●●**

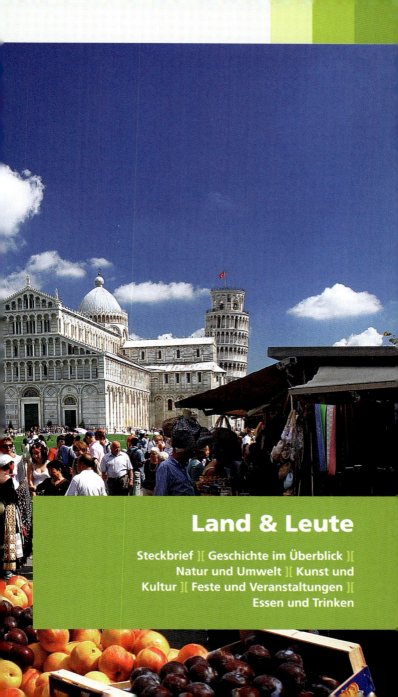

# Land & Leute

Steckbrief ][ Geschichte im Überblick ][
Natur und Umwelt ][ Kunst und
Kultur ][ Feste und Veranstaltungen ][
Essen und Trinken

# Toskana

**Fläche:** 22 993 km²
(7,7 % der Fläche Italiens, fünftgrößte
der 20 italienischen Regionen)
**Naturschutzgebiete:** 1599 km²
(6,9 % der Region)
**Küste:** 600 km
**Höchste Berge:** Monte Prato 2053 m,
Monte Amiata 1738 m
**Längste Flüsse:** Arno 241 km, Ombro-
ne 161 km, Serchio 103 km
**Weinbau:** 65 090 ha (3,5 % der Ge-
samtfläche)
**Bevölkerung:** 3 750 000 (ca. 6 % der
Italiener, 9. Stelle der Regionen)

**Größte Städte:** Florenz (373 650
Einw.), Prato (188 800 Einw.),
Livorno (161 000 Einw.)
**Museen:** Die Toskana weist 13 % aller
italienischen Museen auf (insges. 553);
ca. 6 Mio. Touristen pro Jahr besuchen
ein staatliches Museum der Region.
**Touristen:** 2008 kamen 19 % aller
Touristen (die größte Gruppe) aus
Deutschland, 5 % aus der Schweiz,
2 % aus Österreich.
**Landesvorwahl:** 0039
**Währung:** Euro
**Zeitzone:** MEZ

## Lage

Die Toskana liegt in Mittelitalien
und grenzt im Westen ans Tyrrhenische Meer, wo sich nördlich
Ligurien anschließt. Im Norden
und Osten trifft sie im Apennin
auf die Emilia-Romagna, im Süd-
osten in den Hügeln des Tiber-
Tals auf Umbrien. Das südliche
Hügelland der Toskana geht ebenfalls nahtlos nach Umbrien über,
an der Küste ins Latium. Vom
Hochgebirge bis zur Küstenebene
der Maremma, von 2000 m Höhe
bis auf den Meeresspiegel erstreckt sich die Landschaftsfor-
mation.

## Wirtschaft

Die bekanntesten Exportprodukte
der Toskana, ihre hervorragenden
Weine wie der Chianti, Brunello
oder der Vino Nobile, die zu den
42 DOC- bzw. DOCG-Weinen
der Region zählen, und das ausgezeichnete Olivenöl erwecken den
Eindruck, die Wirtschaft der
Region basiere überwiegend auf

Agrarerzeugnissen. Es arbeiten jedoch nur 42 000 Menschen, das heißt 3 % der Erwerbstätigen, in der Landwirtschaft; ein knappes Drittel der Toskaner ist in den Industriebetrieben des Arno-Tals beschäftigt. Wie überall in Europa steckt die Industrie auch in der Toskana in der Krise, in den letzten 10 Jahren gingen über 100 000 Stellen verloren. Schuhe, Textilien, Leder- und Papierwaren werden jedoch dank ihres anspruchsvollen Designs in viele Länder verkauft. Über 65 % der Toskaner bieten Dienstleistungen an. In dieser Wachstumsbranche sichern jährlich 37,6 Mio. Übernachtungen (davon 17,9 Mio. aus dem Ausland) vielen Menschen ihr Auskommen.

## Politik und Verwaltung

Die Toskana ist eine der 20 italienischen Regionen. Ihr von der Verfassung bestimmter Auftrag lässt wenig Raum für eigene Entscheidungen oder Gesetzgebungen und weist ihr kaum eigene Einnahmen zu. Dies könnte sich in naher Zukunft ändern, da die Regierung Berlusconi auf Druck der Lega Nord eine weitgehende Dezentralisierung im Parlament durchgesetzt hat.

Die Toskana gliedert sich in 10 Provinzen mit den jeweiligen Hauptstädten Arezzo, Florenz, Grosseto, Livorno, Lucca, Massa Carrara, Pisa, Pistoia, Prato und Siena. Ihnen steht ein vom Zentralstaat eingesetzter Präfekt vor, der größere Kompetenzen besitzt als das Parlament der Provinz.

## Die Menschen

Kommunistisch? – natürlich! Auch wenn sich die Kommunisten in *Partito Democratico (PD)* umbenannt haben – die Bevölkerung der Toskana wählt traditionell links. So auch bei den Wahlen im April 2008: Hier entfielen auf das Bündnis der Linksparteien unter Walter Veltroni gut 50 %, auf den Block der rechtskonservativen Parteien von Silvio Berlusconi nur ca. 34 % der Stimmen. Trotzdem ging bei den Kommunalwahlen 2009 Prato nach 63 Jahren an die Berlusconi-Partei – ein Schock für viele Toskaner.

Katholisch? Nur noch gut die Hälfte aller Brautpaare heiratet in der Kirche (53,1 %). Aber beliebte religiöse Traditionen wie Prozessionen oder die Patronatsfeste zu Ehren der Stadtheiligen werden nach wie vor von allen Bürgern mitgetragen. Ihr volkstümlicher Charakter tritt hier mehr in den Vordergrund, als es so manchem Bischof recht sein kann!

## Nationalsprache Toskanisch

Die Bevölkerung ist hier ausgesprochen stolz auf ihre Sprache. Dante, Petrarca und Boccaccio – die drei Großen der italienischen Literatur – schrieben in toskanischem (Florentiner) Dialekt, der im 16. Jh. zur allgemein akzeptierten Nationalsprache wurde. Eine Abweichung in der Aussprache kennzeichnet den Toskaner, K-Laute werden mit einem »h« aspiriert, aus der Coca-Cola wird so die »Chocha-Chola«!

# Geschichte im Überblick

**Um 900 v.Chr.** Villanova-Siedlungen entstehen auf dem Gebiet der Toskana.

**um 550 v.Chr.** Blütezeit des Etruskerreichs unter dem Bund der zwölf Städte.

**280 v.Chr.** Rom hat alle Etruskerstädte erobert.

**5.–7. Jh. n.Chr.** Zur Zeit der Völkerwanderung herrschen nacheinander Westgoten, Ostgoten, Byzantiner und Langobarden.

**570** Lucca wird Hauptstadt des langobardischen Herzogtums Toskana.

**774** Karl der Große erobert das Langobardenreich; die Toskana untersteht dem deutschen Kaiser.

**11. Jh.** Pisa steigt zur Seemacht im Mittelmeer auf.

**12. Jh.** Fast alle Städte der Toskana wählen eigene Regierungen.

**12.–14. Jh.** Es toben heftige Kämpfe zwischen den einzelnen Städten. Toskaner trifft man vom Mittelmeerraum bis Nordeuropa als Kaufleute und Bankiers.

**1406** Mit der Eroberung Pisas gewinnt Florenz Zugang zum Meer.

**1434** Cosimo de' Medici übernimmt die Macht in Florenz.

**15. Jh.** Florenz ist das wichtigste Kulturzentrum Europas; unter Cosimo de' Medici und seinem Enkel Lorenzo il Magnifico erreicht die Renaissance ihren Höhepunkt.

**1530** Kaiser Karl V. übergibt die Toskana als Herzogtum an die Medici.

**1555** Cosimo I. de' Medici erobert Siena und schließt so den Aufbau eines großen Regionalstaates ab.

**1569** Papst Paul V. erhebt Cosimo I. zum Großherzog der Toskana.

**1737** Tod des letzten Medici Gian Gastone; die Toskana fällt an Herzog Franz von Lothringen.

**1799–1815** Intermezzo von Kaiser Napoleon I.

**1847** Die freie Republik Lucca wird Teil des Großherzogtums.

**1859–1860** Die Österreicher müssen nach Volksaufständen die Toskana verlassen. Die Bevölkerung wählt den Anschluss an das Königreich Sardinien-Piemont.

**1865** Florenz wird bis 1871 Hauptstadt des neuen Königreichs Italien.

**1944** Der deutsche Verteidigungswall im Apennin verläuft an der Nordgrenze der Toskana, die so zum Kampfgebiet wird.

**1966** Eine Hochwasserkatastrophe sucht Florenz heim.

**1970** 15 neue Regionen entstehen, u.a. die Toskana. Sieg der Kommunisten bei ersten Regionalwahlen.

**1996–1998** Verheerende Überschwemmungen und Waldbrände.

**2009** Bei den Kommunalwahlen hält sich die Linke in Florenz, verliert aber nach 63 Jahren Prato an die rechte Berlusconi-Partei.

**2012** Im Januar strandet die Costa Concordia vor Giglio.

# Natur und Umwelt

Die Toskana gehört sicherlich zu den schönsten Kulturlandschaften Europas. Ihre über Jahrhunderte von Menschenhand geformte Natur **zieht sich heute wie ein großer Park über die Hügel.** Die Vegetationsformen entsprechen den unterschiedlichen Bodentypen und Höhenlagen: Von der Palme bis zum Hochgebirgswald, von macchiabewachsenen Hügeln bis zu den fast wüstenhaft wirkenden Crete im Süden Sienas, Schirmpinien an den Stränden und Krüppelkiefern an steilen Berghängen – alles liegt dicht beieinander.

Landschaft bei Volterra

Als erstes Naturschutzgebiet entstand in der Maremma 1975 der Parco dell'Uccellina mit 177 km² (heute Parco Regionale della Maremma). Der mit 540 km² größte Naturpark liegt seit 1985 in den Apuanischen Alpen, der jüngste existiert seit 2001 im toskanisch-emilianischen Apennin. Den größten Meerespark des Mittelmeers bildet der Nationalpark Toskanischer Archipel mit geschützten 567 km² Meer und 178 km² Land.

Die Luftverschmutzung ist *das* Umweltproblem der Toskana. Verursacher Nummer eins sind Verkehrsabgase. Der besonders gefährliche Feinstaub in der Luft überschreitet in Florenz wie auch in den anderen Provinzhauptstädten die gesetzlichen Grenzwerte von 50 µg/m³ zu oft. Gegenmaßnahmen, wie Fahrverbote für Autos an bestimmten Tagen, helfen nur kurzfristig. Bei der Bevölkerung beliebt sind die sog. Ökosonntage.

## Zypressensterben

Trotz zunehmendem Umweltbewusstsein bleibt auch die Toskana nicht von Problemen verschont. Die Zypresse, ein Wahrzeichen der Region, leidet seit Jahren an einer noch immer unbekannten Krankheit, die vermutlich durch die Umweltverschmutzung bedingt ist. Manche Auffahrten zu prächtigen Villen bieten ein trauriges Bild, und selbst die berühmten Zypressen von Bolgheri ❯ S. 119 mussten z.T. durch eine widerstandsfähige Sorte ersetzt werden. Inzwischen wachsen mancherorts bereits zu viele dieser robusten Zypressen!

# Kunst und Kultur

## Wie alles begann

Die ältesten Kunstwerke der Toskana stellten Siedler in der Lunigiana vor 4000 Jahren her. Welche Funktion diese Stelen genau besaßen, weiß man heute nicht mehr – wundersam muten sie den Betrachter im Stelen-Museum von Pontremoli an (Di–So Mai–Sept. 9–12.30, 15–18, Okt.–April 9–12.30, 14.30–17.30 Uhr; www.statuestele.org).

## Die Etrusker

Die Kunst der Etrusker kommt heutiger Sichweise wohl eher entgegen. Auf ihren Graburnen lächeln die Toten zunächst statisch nach griechischem Vorbild. Doch ab dem 5./4. Jh. erhielten sie realistische Züge. So mancher Etrusker im Museum von Chiusi ist sogar richtig hässlich! Der ausgeprägte Totenkult führte zur Errichtung riesiger Nekropolen. Den Verstorbenen gab man alles mit ins Grab, was sie auch im Leben besaßen und liebten, u.a. Waffen, Schmuck, Gefäße. Die bedeutendsten archäologischen Museen finden sich in Florenz, Volterra, Arezzo, Chiusi und Grosseto, die schönsten Grabhügel in Populonia, Vetulonia und Chiusi; in Roselle, nordöstlich von Grosseto, sind die Ruinen einer freigelegten antiken etruskischen Stadt zu besichtigen.

## Die Römer

Die Römer hinterließen der Toskana einige Amphitheater wie in Fiesole, Roselle, Volterra und Arezzo. Ihre Kunst bewundert man in vielen archäologischen Museen – und in Kirchen. Man verwendete Kapitelle, Säulen, Marmorplatten (selbst mit Inschriften) und sogar Sarkophage wieder.

Die römischen Basiliken, die Gerichtssitzungen dienten, beeinflussten auf ganz eigene Weise das Bauen im Mittelalter: Sie wurden mit ihrem hohen Langhaus, den drei durch Säulenreihen abgetrennten Schiffen und dem nach unten offenen Dachstuhl Vorbild für die christlichen Kirchenbauten.

## Die Romanik

Unzählige romanische Landkirchen in der Toskana weisen die einfache basilikale Form auf. Ihre Schlichtheit fasziniert ebenso wie die Fabelwesen, Monster und Drachen auf den Kapitellen und Reliefs.

Die aufstrebenden Städte gaben sich im Mittelalter mit kleinen Kirchenbauten nicht mehr zufrieden. In Pisa entstand ein prächtiger romanischer Dom – Ausdruck des Stolzes der Bürger und der Macht der Kommune. Ähnliches gilt für die Kirchen San Michele in Foro in

Lucca › S. 110 und San Miniato al Monte › S. 47 in Florenz sowie das Baptisterium › S. 47, die zu den bedeutendsten Bauten der Florentiner Romanik gehören.

In der Bildhauerei steht Nicola Pisano (um 1220–1278) am Ende der Romanik. Seine Kanzeln im Baptisterium von Pisa › S. 105 und im Dom von Siena › S. 78 bilden den Übergang zur Gotik. Von ihr zeugen die Arbeiten seines Sohnes Giovanni (um 1245–1314), so die Kanzeln im Dom von Pisa › S. 105 und in Sant'Andrea in Pistoia › S. 70. Erstmals treten individuell fassbare Künstlerpersönlichkeiten mit eigenem Stil hervor, nicht mehr nur anonyme Handwerker.

## Die Gotik

Die Gotik kam mit den Zisterziensern. Bei den neu gegründeten Orden des 13. Jhs., den Franziskanern, Dominikanern und Augustinern, fand dieser Stil beim Kirchenbau Zuspruch. Breite Langhäuser, nach unten offene Dachstühle, aneinandergereihte Querhauskapellen zeichnen die Bettelordenskirchen aus – auch Spitzbogenfenster sind vorhanden, doch fehlt das Streben der Architektur in den Himmel, wie bei der deutschen oder französischen Kathedralgotik, denkt man etwa an San Francesco in Pisa, San Domenico in Siena, San Francesco in Arezzo.

Ein neues Ideal, die Predigt an das Volk, stand hinter den weiträumigen Saalkirchen. Selbst die Wände wurden in diesem Sinne genutzt: Die großartigen Fresken, die man heute sieht, boten den Menschen, die nicht lesen konnten, einst eine  Art »Bibel zum Anfassen« – **idealtypisch sichtbar in der Collegiata in San Gimignano.**

Die Malerei tritt nun in den Vordergrund: *al fresco*, auf den feuchten Putz, wurde gemalt. Das Erbe der Byzantiner, sichtbar in den bemalten Holzkreuzen mit ihren starren Körpern und den stilisierten Gesichtern, wurde in Siena von der Gotik überwunden.

Maler wie Duccio (um 1255 bis 1319), Simone Martini (1284 bis 1344), Pietro (1280–nach 1345) und Ambrogio Lorenzetti (1290 bis 1348) sind ihre Protagonisten. In Florenz war es Giotto (1266 bis 1337), dessen Werke von der Gotik zur Renaissance wiesen.

Domenico Ghirlandaio, »Trauer um die Hl. Fina« (1473–75), Fresko in der Collegiata

## Die Renaissance

Zu den bedeutendsten Künstlern der Renaissance zählt der Architekt und Baumeister Filippo Brunelleschi (1377–1446). Antike Vorbilder liegen seinen perfekt geplanten, harmonischen Räumen zugrunde, darunter die Cappella Pazzi (Santa Croce, Florenz › S. 56). Die Verbreitung der mathematisch konstruierten Perspektive – die auf Brunelleschi zurückgeht – ließ die Bilder räumliche Tiefe gewinnen. Masaccio (1401–1428) setzte als Erster diese Wirkung im *Trinitätsfresko* in Santa Maria Novella › S. 53 um und in der Brancacci-Kapelle in der Florentiner Kirche Santa Maria del Carmine. Benozzo Gozzoli (1420–1498) erzählte farbenreiche Geschichten (Palazzo Medici-Riccardi, Florenz), Ghirlandaio (1449–1494) porträtierte die High Society um Lorenzo il Magnifico in seinen Fresken in Santa Trinità. Ungebrochen ist die Faszination der Werke Botticellis, die in den Uffizien zu bewundern sind › S. 50.

Donatello (1386–1466) schuf mit seinem *David* (Bargello › S. 56) den ersten frei stehenden Akt seit der Antike. Lorenzo Ghiberti (1378 bis 1455) erlangte Unsterblichkeit mit den Baptisteriumstüren in Florenz, Luca della Robbia (1399–1482) mit der Sängerkanzel (Dombaumuseum › S. 48), der Sienese Jacopo della Quercia (1367–1438) mit seiner *Ilaria* (Dom von Lucca › S. 109). Mit Leonardo da Vinci (1452 bis 1521) und Michelangelo (1475–1564) erreichte die Renaissance in Florenz ihren schöpferischen Zenit. Der wirtschaftliche und politische Niedergang von Florenz – und damit der Toskana – wirkte sich negativ auf das Kunstschaffen aus. Die mächtigen Familien traten zunehmend als Auftraggeber in den Hintergrund, eine eigenständige Kunstszene existierte nicht mehr. Zum ersten Mal hatte ein Ausländer, der Flame Giambologna (1529–1608), Erfolg in Florenz.

Sandro Botticelli, »Geburt der Venus« (1485/86), Florenz, in den Uffizien

## Die Macchiaioli

Erst zur Mitte des 19. Jhs. traten toskanische Künstler wieder in die erste Reihe. In Florenz nahmen demokratisch gesinnte Maler soziale Themen und Landschaften ins Repertoire. Zu den wichtigsten Vertretern der neuen Maltechnik mittels Farbflecken (ital. *macchia* = Fleck) gehörten der Florentiner Telemaco Signorini (1835–1901) und der aus Livorno stammende Giovanni Fattori (1825–1908). Ihre Bilder bewundert man heute in der Galleria d'Arte Moderna (Palazzo Pitti, Florenz › S. 51) und im *Museo Civico Giovanni Fattori, Livorno (Villa Mimbelli, Via S. Jacopo in Acquaviva 65, Di–So 10–13, 16–19 Uhr).

# Feste und Veranstaltungen

## Festkalender

**Ostern:** Beim **Scoppio del Carro** in Florenz steht am **Ostersonntag** ein geschmückter, mit Feuerwerkskörpern beladener Wagen (*carro*) vor dem Baptisterium. Zu ihm fliegt beim Gloria der Auferstehungsmesse vom Dom aus eine mechanische Taube. Entzündet sie das Feuerwerk, wird es ein gutes Jahr.

**Mai/September:** Im Mai ziehen beim **Palio della Balestra** in Sansepolcro Armbrustschützen aus Sansepolcro nach Gubbio (Umbrien), um dort zu Ehren des Schutzpatrons Sant'Ubaldo zu streiten. Am **zweiten Sonntag im September** erwidern Schützen aus Gubbio den Besuch und schlagen sich in Sansepolcro für den Schutzheiligen Sant'Egidio. Die Vorbilder für die historischen Kostüme sind in den Bildern von Piero della Francesca zu sehen.

**Juni:** In Pisa findet das »Brückenspiel«, **Gioco del Ponte,** am letzten **Juni-Samstag** statt. Nach einem bunten Umzug mit mehr als 700 Teilnehmern schieben jeweils drei Mannschaften pro Flussseite ein auf Schienen montiertes Gestell, um den Ponte di Mezzo zu erobern. **Der Gioco del Ponte ist Höhepunkt des Giugno Pisano,** zu dem auch eine Regatta und die Kerzenbeleuchtung der Arno-Ufer am **16. Juni** gehören, dem Vorabend des Festtags des Stadtpatrons San Ranieri.

**Juni/September:** Am **vorletzten Juni-Samstag,** nachts, und am **ersten September-Sonntag** findet das Sarazenenturnier **Giostra del Saracino,** ein historisches Ritterspiel, in Arezzo auf der Piazza Grande statt. Jedes der vier Stadtviertel stellt zwei in alten Rüstungen steckende »Ritter«, die mit einer Lanze gegen den Sarazenen (eine Holzpuppe) reiten.

**Juli/August:** Am **2. Juli** und am **16. August** ist der Campo in Siena Schauplatz des **Palio delle Contrade.** An dem berühmten Pferderennen nehmen jeweils

10 der 17 Stadtviertel *(contrade)* teil, ihm geht ein farbenprächtiger Umzug in historischen Gewändern des 14. Jhs. voraus, es folgt das Siegesfest.

**Buch-Tipp** Der hintergründige Siena-Krimi *Der Palio der toten Reiter* **von Carlo Fruttero/Franco Lucentini,** schildert auch das Festritual und die Bedeutung dieses Ereignisses für die Sienesen.

**Juli:** In Pistoia bestreiten am **25. Juli,** dem Festtag des Stadtheiligen Jakob, 12 Ritter nach einem Umzug in historischen Kostümen ein Turnier, **Giostra dell'Orso,** bei dem sie zwei stilisierte Bärenfiguren mit Lanzen zu treffen versuchen. Der Bär *(orso)* ist das Wappentier Pistoias und **das Turnier Höhepunkt des Luglio Pistoiese.**

# Essen und Trinken

### Olivenöl und Gewürze

Die Basis der toskanischen Küche ist Öl. Und zwar nicht irgendein Öl, sondern **das hervorragende Olio d'Oliva Extra Vergine.** Seine Farbe reicht von Gold bis Gelb mit grünlichen Reflexen. Die gewaschenen Oliven werden zunächst mechanisch gepresst, anschließend wird das Öl filtriert und sedimentiert. Chemische Manipulationen sind streng verboten.

Reichlich Olivenöl und Gewürze wie Rosmarin und Salbei, Thymian, Basilikum, Petersilie, aber auch Knoblauch und Zwiebeln verwendet die toskanische Küche. Man liebt es einfach und deftig: geröstetes, mit Olivenöl getränktes Knoblauchbrot *(fettunta),* Getreidesuppe *(farro),* ein handfestes Stück Fleisch vom Grill *(bistecca alla fiorentina),* Feldsalat *(lattughella).*

### Antipasti

Typische *antipasti* (Vorspeisen) sind *crostini* (geröstete Brote mit Leberpastete) oder das Knoblauchbrot *fettunta.* **Ausgezeichnet schmeckt die toskanische Salami, z.B. finocchiona** (mit Fenchelsamen). Unter den Würsten gelten besonders die Wildschweinwürstchen *(salsiccie di cinghiale)* als Delikatesse.

### Primi piatti

Suppen sind als *primi piatti* (warme Vorspeisen) sehr beliebt: *ribollita,* eine Suppe, die aus Gemüse, Kohl und Brot besteht und mit Olivenöl abgeschmeckt wird, *pasta e fagioli,* ein Nudeleintopf mit Bohnen, oder die Getreidesuppe *(farro).* Die *pappardelle* mit Hasenragoutsoße *(sugo di lepre)* sind *das* Nudelgericht der Toskana.

Gutes Olivenöl erhebt Insalata Caprese zum sommerlichen Genuss

## Hauptgerichte

Fleisch und nochmals Fleisch – Vegetarier tun sich bei den Hauptspeisen der toskanischen Küche schwer. Trösten können sie sich mit einem *tortino di carciofi*, gebackenen Artischocken, die mit geschlagenem Ei und duftenden Kräutern zubereitet werden, oder auch Pilzen vom Holzkohlengrill *(funghi alla griglia)*.

**Die Bistecca alla fiorentina, ein über Holzkohlenfeuer gebratenes Rindfleischstück** von ca. 500 Gramm, das mit feinstem Olivenöl, Salz und Pfeffer angerichtet wird, kann man sich auch gut teilen. Aus Wildbret wie Hase *(lepre)*, Wildschwein *(cinghiale)* und Fasan *(fagiano)* werden ausgezeichnete Eintöpfe *(in umido)* zubereitet. Die Toskaner haben

### Essfest(e)

**Sagre – Feste der Völlerei:** Sagre sind Essfeste, die einem landwirtschaftlichen Produkt oder einer kulinarischen Spezialität gewidmet sind: Man feiert die *Sagra della fragola* (Fest der Erdbeere), *Sagra del tortello* (der gefüllten Nudel), *Sagra del cinghiale* (des Wildschweins), *Sagra del fungo* (des Pilzes) etc. Nirgends in Italien liebt man diese Volksfeste, meist von Musik und Tanz begleitet, so sehr wie in der Toskana, und nirgends werden so viele veranstaltet! In angenehmer Gesellschaft gut zu essen und zu trinken gehört zu den Lieblingsbeschäftigungen der Toskaner, und genau das kann man bei einer Sagra, und zwar meist relativ preiswert!

Nur beste Zutaten finden in der
toskanischen Küche Verwendung

eine große Vorliebe für Innereien. Die *trippa alla fiorentina,* gekochte Kutteln in einer Tomatensoße mit Parmesan, ist aber vielleicht doch nicht jedermanns Geschmack.

An der Küste gibt es natürlich Fische und Muscheln aller Art: Der *cacciucco alla livornese,* eine reichhaltige Suppe aus vielen Fischsorten und Schalentieren, serviert mit geröstetem Knoblauchbrot, ist besonders fein.

## Beilagen und Nachtisch

Neben klassischen italienischen Beilagen *(contorni)* wie Pommes frites *(patate fritte),* Salat *(insalata)* oder Gemüse *(verdura cotta)* sind *fagioli all'uccelletto,* weiße Bohnen in Tomatensoße, eine toskanische Spezialität. Als Nachtisch lässt man sich den *pecorino* (Schafskäse) munden ❭ S. 92. Und zum Schluss: *dolci* – Süßspeisen.

Traditionell werden **cantuccini (Mandelgebäck) in Vin Santo, den toskanischen Dessertwein, getaucht.** Und was wäre ein Essen, ohne den obligatorischen Espresso und den Grappa oder Amaro danach?

## Der Chianti

Das klassische Anbaugebiet des Chianti (sprich: kiánti) liegt zwischen Florenz und Siena. 1984 erhielt dieser Wein als Chianti Classico das höchste Gütezeichen in Italien: DOCG (*Denominazione di Origine Controllata e Garantita* – kontrollierte und garantierte Ursprungsbezeichnung). Als Markenzeichen wählte sich der Erzeugerverband des Chianti Classico den schwarzen Hahn (wegen eines internationalen Rechtsstreits nennt sich der Winzerverband heute jedoch *Marchio Storico*). Viele Erzeuger setzen auf »reinrassig« rote Sorten, obwohl die Chianti-Tradition eigentlich auch einen Anteil an weißen Trauben verlangt (2–5 %). Sie verbanden die Cabernet-Rebe mit der traditionellen Sangiovese-Traube und kreierten so neue, überzeugende moderne Weine im traditionellen Chianti-Gebiet, die nun auch wieder in Fässern reifen.
Weitere Informationen im Internet unter: www.chianticlassico.com.

## Wasser und Wein

Zum Essen trinkt man Mineral-wasser *(acqua minerale)* mit *(gasata)* oder ohne Kohlensäure *(naturale),* in erster Linie aber Wein. Weltberühmt ist der Chianti aus der gleichnamigen Region südlich von Florenz. Die Weine der Reb-sorten, die auch auf den Hügeln *(colli)* um Arezzo, Florenz, Siena und Pisa gezogen werden, sind rubinrot und erreichen einen Al-koholgehalt von 11 bis 13 %. Den **Chianti Classico** aus dem An-baugebiet zwischen Florenz und Siena kennzeichnet der schwarze Hahn *(Gallo Nero,* heute *Marchio Storico* ❯ S. 38).

Spitzenweine sind neben dem Chianti der **Brunello di Montal-cino,** einer der weltbesten Rot-weine, der in der Gegend um Montalcino ❯ S. 89 produziert wird, oder der ausgezeichnete **Vino Nobile di Montepulciano** aus dem Gebiet südlich von Siena ❯ S. 92. Den **Novello,** ein Rotwein der neuen Ernte mit vollem Aro-ma, trinkt man ab November. Zu den bedeutendsten Weißweinen gehört der **Vernaccia aus San Gi-mignano – er passt sehr gut zu Fisch** ❯ S. 83 und 89.

Dass die Toskana nicht nur im Anbaugebiet des schwarzen Hahns zwischen Florenz und Siena, sondern auch in der Ma-remma (Morellino di Scansano, Bianco di Pitigliano) und in der abgelegenen Provinz von Livorno Spitzenweine hervorbringt, be-weist den Weinliebhabern ein Ausflug in das Hinterland der Etruskischen Riviera ❯ S. 117.

## Regionalküche – deftig und unverfälscht

**Echt gut!**

■ Eine kleine typische Arbeitertratto-ria, bei der die Touristen Schlange stehen: das **Mario,** mit traditioneller, einfacher, wohlschmeckender Floren-tiner Küche, etwa dem *coniglio fritto* (frittiertes Kaninchen). ❯ S. 55

■ **Da Giulio in Pelleria in Lucca** ❯ S. 109 serviert die klassischen Ge-richte der Westtoskana: Probieren Sie die deftigen Getreidesuppen und das Pferdetatar. **Via delle Conce 45/47, Tel. 0 58 35 59 48,** So (außer 3. So im Monat) geschl.; reservieren! ●●

■ Je nach den jahreszeitlich verfüg-baren Produkten setzt sich die Spei-sekarte der **Osteria Cibbè** in **Prato** zusammen, mit einem besonderen Augenmerk auf traditionellen, lokalen Gerichten. ❯ S. 66

■ **La Torre di Gnicche:** In diesem kleinen Lokal in **Arezzo** achtet man bei der Zubereitung auf frische Pro-dukte, die der Aretiner Küche ihren feinen Geschmack geben. Probieren Sie die toskanischen Suppen, wie die *Acquacotta* des Casentino; große Weinauswahl; reservieren! ❯ S. 133

■ Eine echte toskanische Trattoria, familiär, mit der guten traditionellen Hausmannskost liegt etwas westlich vom Monte Oliveto Maggiore ❯ S. 88: **Da Mario** in **Buonconvento, Via Soccini 60, Tel. 05 77 80 61 57,** Sa und im Aug. geschl.; reservieren! ●—●●

■ Basis für die Gerichte in der Tratto-ria **Venanzio** in **Colonnata** ist der *lardo,* der in Marmorwannen gereifte Speck, so beim Kaninchengericht *co-niglio lardellato;* reservieren! ❯ S. 115

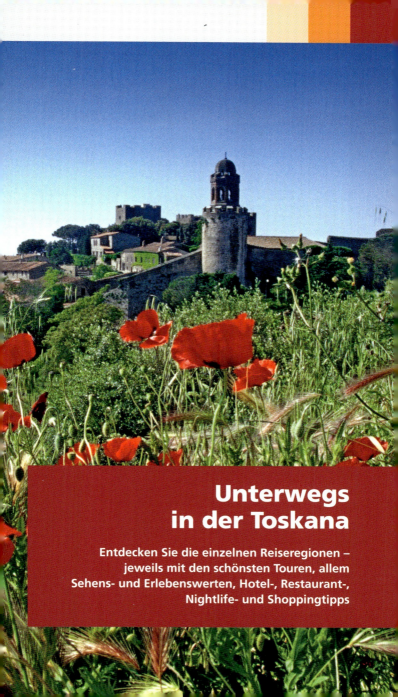

# Unterwegs in der Toskana

Entdecken Sie die einzelnen Reiseregionen –
jeweils mit den schönsten Touren, allem
Sehens- und Erlebenswerten, Hotel-, Restaurant-,
Nightlife- und Shoppingtipps

# ***Florenz, das Chianti und der Monte Albano

## Nicht verpassen!

- Ein erster Blick auf Florenz vom Piazzale Michelangelo aus
- Auf der Piazza Santo Spirito in Florenz einen Aperitif trinken
- Eine Weinprobe in Greve in Chianti bei Le Cantine
- In Prato die traditionellen Cantuccini erstehen
- Eine Wanderung am Monte Albano
- In Pistoia auf der Piazza della Sala einkaufen

# Zur Orientierung

**Florenz,** die Hauptstadt der Toskana, ist neben Rom und Venedig die bedeutendste Kunststadt Italiens. Alle berühmten Renaissance-Künstler schufen hier Meisterwerke. Die Stadt vereint Kunst und Kultur vergangener Epochen mit der Eleganz und Liebenswürdigkeit der Florentiner. Von Ostern bis Oktober scheint der Strom von Touristen um die vielen Sehenswürdigkeiten nie abzureißen. Doch abseits von Dom und Piazza della Signoria, in Vierteln wie San Lorenzo oder San Frediano, entdeckt man eine Großstadt, die an vielen Ecken dörflichen Charme besitzt. Stadt und Umland (ital. *contado*) gehören seit dem Mittelalter fest zusammen. Das malerische Anbaugebiet des **Chianti** zwischen Florenz und Siena, unterteilt in das *Chianti fiorentino* und das *Chianti senese*, ist ein weithin bewaldetes Hügelland, in dem die Olivenbäume und Weinreben, anmutige Städtchen und wehrhafte Burgen die Akzente setzen. Die Winzer laden mit dem Schild *Vendita diretta* zum Probieren ein, viele Agriturismus-Betriebe bieten Zimmer und Apartments an. Die Landschaft durchstreifen, die Natur erleben, zu Fuß oder mit dem Bike, und immer wieder

Die Loggia dei Lanzi diente zu Festen und Empfängen der Stadtregierung von Florenz

ein romantisches Kirchlein oder eine freundliche Trattoria entdecken: Das ist Urlaub im Chianti – nicht anders als am **Monte Albano,** wo die prachtvollen Villen der Medici, die netten Orte Vinci, Montelupo Fiorentino, Carmignano und Artimino wie auch das noble Thermalbad Montecatini Terme warten. Die Provinzstädte Prato und Pistoia präsentieren hochkarätige Kunstschätze aus Mittelalter und Renaissance, aber auch erstklassige zeitgenössische Sammlungen.

# Touren in der Region

## Von Florenz ins Chianti

**4** **Florenz ❯ Impruneta ❯ Greve in Chianti ❯ Panzano ❯ Castellina in Chianti ❯ Radda in Chianti ❯ Gaiole in Chianti ❯ Siena**

**Dauer:** 4–6 Tage; 115 km
**Praktische Hinweise:** In Florenz erreicht man alle Sehenswürdigkeiten bequem zu Fuß. Das Zentrum ist für den privaten Autoverkehr gesperrt. Für die Tour ins Chianti ist ein Pkw notwendig; alle Orte werden zwar auch von Bussen angefahren, aufgrund der Fahrpläne würde die Tour aber mind. dreimal so lange dauern.

(www.lazzi.it für Chianti fiorentino, www.trainspa.it für Chianti senese). Das Infobüro in Siena > S. 81 organisiert Bus-Rundfahrten ins Chianti. Auch mit dem Fahrrad lässt sich das Chianti gut besuchen; Tourvorschläge s. Impruneta > S. 60 und Greve in Chianti > S. 61 sowie zum Chianti senese (Gran giro del Chianti, 96 km): http://inbici.terresiena.it (Ital./Engl.).

***Florenz** > S. 47 wartet mit einer solchen Fülle von Sehenswürdigkeiten auf, dass man sich ohne Weiteres mehrere Wochen Zeit für einen Aufenthalt nehmen könnte! Vom Erlebnis der toskanischen Metropole führt Sie die Tour in die Chianti-Region, die aktive oder erholsame Ferien bietet, ganz nach Wunsch. Weinprobe und -kauf sollten dabei natürlich nicht zu kurz kommen! Am Eingangstor ins Chianti liegt das Keramik-Städtchen **Impruneta** > S. 60 – hier lohnt der Einkauf! Hinter Impruneta trifft man bei **Strada in Chianti** auf die *****Chiantigiana,** eine der landschaftlich schönsten Strecken der Toskana. Sie führt auch in den Hauptort der Region, in das anmutige *****Greve in Chianti** > S. 60, mit der fotogenen *****Piazza Matteotti. In dem Ort lässt man sich Zeit, um die Weine und lokalen Spezialitäten zu probieren. Am nächsten Tag besichtigt man in **Panzano** > S. 62 die romantische Kirche San Leolino, wandert in **Castelli-**

**na in Chianti** > S. 63 die Hauptgasse hinauf und kommt ins historische Städtchen **Radda in Chianti** > S. 62. Die angenehme Atmosphäre des Ortes rund um den Palazzo del Podestà lädt zum Verweilen. Über die einsam gelegene alte Abtei **Badia a Coltibuono** > S. 63 kurvt man am nächsten Tag durch eine herrliche Landschaft nach **Gaiole in Chianti** > S. 63 und dann weiter zum *****Castello di Brolio** > S. 63 das eine ****Aussicht bis zum Monte Amiata bereit hält. Hügelkuppe um Hügelkuppe nähert man sich schließlich über **Castelnuovo Berardenga** > S. 64 dem Ziel *****Siena** > S. 78.

## Am Monte Albano

> ─⑤─ **Artimino** > **Montelupo Fiorentino** > **Vinci** > **Carmignano** > **Poggio a Caiano** > **Prato** > **Pistoia** > **Montecatini Terme**

**Dauer:** 5 Tage (ohne Wandern oder Biken); 86 km
**Praktische Hinweise:** Prato, Pistoia, Montecatini Terme liegen an der Bahnstrecke Florenz–Lucca. Ein Pkw ist für diese Tour günstiger, da zwar alle Orte auch von Bussen angefahren werden, die Reise jedoch sehr umständlich wird (www.piubus.it, www.blubus.it, www.vaibus.com, www.capautolinee.it). In Prato sind alle Museen Di geschl.

Die sich auf 633 m erhebende Hügelkette Monte Albano im Westen von Florenz wird erst in den letzten Jahren für naturnahe Ferien entdeckt. Ausgeschilderte Wanderwege erschließen das 16 000 ha umfassende Gebiet des Monte Albano (Infos und Karten unter www.montalbano.toscana. it). Ausgangspunkt der Tour ist **Artimino** › S. 68, das zur Besich-

tigung des didaktisch gut aufge-bauten, kleinen archäologischen Museums im einstigen Medici-Jagdschloss *La Ferdinanda einlädt. Anschließend lohnt ein Spa-ziergang hinauf in das Örtchen, um hier eine toskanische Brotzeit zu verzehren. Am Nachmittag ho-

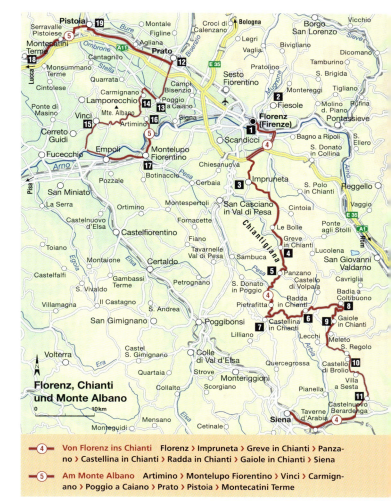

**Florenz, Chianti und Monte Albano**

0       10km

**4**   **Von Florenz ins Chianti**   Florenz › Impruneta › Greve in Chianti › Panza-no › Castellina in Chianti › Radda in Chianti › Gaiole in Chianti › Siena

**5**   **Am Monte Albano**   Artimino › Montelupo Fiorentino › Vinci › Carmign-ano › Poggio a Caiano › Prato › Pistoia › Montecatini Terme

Medici-Villa in Poggio a Caiano

len Sie sich im Städtchen **Monte-lupo Fiorentino** ❯ S. 69 die richtigen Anregungen im *Museo della Ceramica für das anschließende Keramik-Shopping. Am zweiten Tag geht es hinauf in das kleine *Vinci ❯ S. 68, den Geburtsort des Renaissance-Genies Leonardo da Vinci, mit dem *Museo Leonardiana im aus dem 12. Jh. stammenden *Kastell der Guidi und dem Museo Ideale Leonardiano, in den unteririschen Räumen der Burg. Nach einer Mittagspause bietet sich die Gelegenheit, im etwa 2 km weiter nördlich gelegenen **Anchiano** Leonardos Geburtshaus ❯ S. 68 zu besuchen. Weiter geht es in das Weinstädtchen **Carmignano** ❯ S. 67. Hier warten die mächtige Rocca, ein Weinbaumuseum und die Kirche San Michele mit einem *Meisterwerk des Florentiners Jacopo da Pontormo – und leibliche Genüsse: der exzellente Rotwein und die hochgeschätzten trockenen Fei-

gen. Am dritten Tag führt die Reise zur prachtvollen *Medici-Villa in **Poggio a Caiano** ❯ S. 66, mit dem ersten Stillleben-Museum Italiens. Der schöne Garten der Villa lädt zu einem Spaziergang ein. Nach dem Mittagessen besuchen Sie die Provinzhauptstadt *Prato ❯ S. 64, begeistern sich im **Dom an den **Fresken Filippo Lippis, bewundern die formvollendete Architektur der Renaissance-Kirche *Santa Maria delle Carceri, die einzige *Stauferburg Mittelitaliens und die gotischen Fresken in San Francesco. Auch Prato lockt mit kulinarischen Spezialitäten. Erstehen Sie die originalen Prateser *cantuccini* bei »Mattei«, und genießen Sie ein Abendessen mit klassischen Prateser Gerichten! Die Qual der Wahl hat man am nächsten Tag bei der Vielzahl der Museen in Prato: darunter das Museo del Tessuto mit kostbaren Stoffen und das Museo Luigi Pecci mit erstklassigen Ausstellungen zeitgenössischer Kunst.

Nach einer Übernachtung in Prato reisen Sie nach *Pistoia ❯ S. 70, das versteckt hinter seinen Stadtmauern aus dem 14. Jh. von den meisten Touristen unentdeckt bleibt – trotz seiner herrlichen romanischen **Kirchenbauten, seiner netten *Altstadt und den feinen Kunstschätzen, die auch *Zeitgenössisches aufweisen. Tags darauf geht es über *Serravalle Pistoiese, die kleine Schwester San Gimignanos, in die noble Kurstadt *Montecatini Terme ❯ S. 69.

# 1 Unterwegs in ***Florenz

## Blick von oben

Atemberaubend ist der Blick auf die Stadt vom **Piazzale Michelangelo** Ⓐ. Bequem geht es dorthin mit dem Bus Nr. 12 oder 13 vom Hauptbahnhof, ein schöner Spazierweg beginnt an der Piazza Poggi. Florenz (373 650 Einw.) **liegt einem zu Füßen:** das Häusermeer breitet sich bis zu den umliegenden Hügeln aus, zahlreiche Brücken überspannen das silberne Band des Arno und Alles überragend erhebt sich die rote Kuppel des Doms ❯ S. 48.

Einen vielleicht noch schöneren Blick auf Florenz gießt man, wenn man vor der Kirche **San Miniato al Monte** Ⓑ steht. Großartige Mosaike an der Fassade und im Kircheninneren üben eine ganz eigene Faszination aus.

## Der *Domplatz

Auf kleinster Fläche erlebt man in Florenz sowohl die größten Werke der Renaissance-Künstler als auch die Meister der Gotik. Rund um den Dom trifft sich darüber hinaus die Jugend der Welt.

### ***Baptisterium Ⓒ

Das Baptisterium San Giovanni aus dem 11. Jh., das zu den vollkommensten Gebäuden der Stadt zählt, zeigt ein perfektes Zusammenspiel von Marmordekoration und architektonischer Struktur. Einzigartig sind die **Bronzeportale**. Das Südportal stammt von Andrea Pisano (1330) und zeigt 20 Szenen aus dem Leben Johannes' des Täufers, des Stadtpatrons von Florenz. Das Nordportal schuf Lorenzo Ghiberti

Blick über Florenz mit dem Ponte Vecchio vom Piazzale Michelangelo aus

Vergoldetes Bronzesüdportal des Baptisteriums von Andrea Pisano

(1378–1455), ebenso wie die zehnteilige *Paradiestür* (1425–52) vis-à-vis dem Dom mit Episoden aus dem Alten Testament. Die Händlerzunft finanzierte die reiche *Ausschmückung des Baus (Mo–Sa 12.15–18.30, 1. Sa im Monat So, Fei 8.30–13.30 Uhr).

**Echt gut!** Im sehenswerten **Dombaumuseum hinter dem Domchor** sieht man u.a. die Originale vieler Skulpturen von Dom und Baptisterium, auch die Bronzereliefs der *Paradiestür* (www.operaduomo. firenze.it; Kasse: Mo–Sa 9–18.50, So, Fei 9–13 Uhr).

## **Dom Santa Maria del Fiore** D

Reste der Kirche Santa Reparata aus dem 4. Jh. kann man unter dem Dom besichtigen. 1296 be-

gannen die Florentiner mit einem Neubau, da ihnen Santa Reparata als Ausdruck ihres Bürgerstolzes nicht mehr genügte. Um mit Siena und Pisa gleichzuziehen, errichteten sie eine der größten Kirchen der Welt (153 m lang, 38 m breit). Man beauftragte den Dombaumeister Arnolfo di Cambio mit dem »schönstmöglichen« Gebäude. Auch die Kuppel sollte einmalig werden. Die Ausschreibung von 1418 gewann Filippo Brunelleschi, der dieses architektonisch einzigartige Werk 1436 vollendete.

Im Vergleich zur farbigen Marmordekoration des Außenbaus wirkt das Dominnere relativ schlicht – trotz der herrlichen *Fenster, der schönen *Majolikareliefs von Luca della Robbia über den Portalen der Alten und der Neuen Sakristei und der restaurierten *Kuppelfresken (So, Fei 13.30–16.45, Mo–Fr 10–17, Do bis 16.30, Mai, Okt bis 15.30, Juli, Sept. bis 17, Sa bis 16.45 Uhr, gratis; Santa Reparata Eintritt; Besteigung der Domkuppel an der Nordseite, Mo–Fr 8.30–18.30, Sa bis 17.40 Uhr, Kasse bis 40 Min. vorher).

Statt der Domkuppel kann man auch den **Campanile** E erklimmen. Als neuer Dombaumeister begann Giotto 1334 hier einen der schönsten Glockentürme der Welt. Von ihm stammte die Idee, eine dreifarbige Marmordekoration zu schaffen, die seine Nachfolger bis auf volle 84 m Höhe fortführten (Kasse: tgl. 8.30–18.50 Uhr).

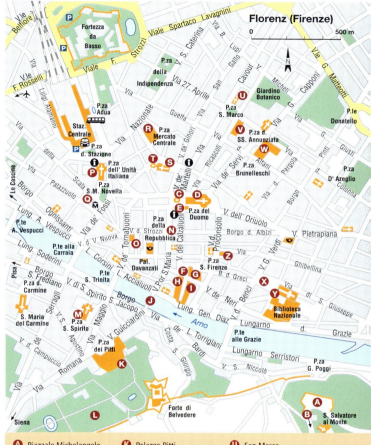

Florenz (Firenze)

0       500 m

**A** Piazzale Michelangelo
**B** San Miniato al Monte
**C** Baptisterium
**D** Dom Santa Maria del Fiore
**E** Campanile
**F** Piazza della Signoria
**G** Palazzo Vecchio
**H** Loggia dei Lanzi
**I** Uffizien
**J** Ponte Vecchio

**K** Palazzo Pitti
**L** Giardino di Boboli
**M** Santo Spirito
**N** Piazza della Repubblica
**O** Palazzo Strozzi
**P** Santa Maria Novella
**Q** Museo Nazionale Alinari della Fotografia
**R** Markthalle
**S** San Lorenzo
**T** Cappelle Medicee

**U** San Marco
**V** Galleria dell'Accademia
**W** Ospedale degli Innocenti
**X** Piazza Santa Croce
**Y** Santa Croce
**Z** Bargello

## Shopping

Der **Flohmarkt** auf der Piazza dei Ciompi (300 m westl. des Doms, tgl.) breitet sich am letzten So im Monat bis in die umliegenden Straßen aus.

Echt gut!

# An der *Piazza della Signoria ❻

Die Via dei Calzaiuoli, eine der Haupteinkaufsstraßen der Stadt, verbindet als – verkehrsberuhigte – Nord-Süd-Achse das geistliche mit dem weltlichen Zentrum von Florenz und lockt mit schönen Geschäften.

## Restaurant

In einer Querstraße der Via dei Calzaiuoli, der **Via dei Tavolini 18/20 r**, lockt die **Cantinetta Verrazzano** zur kleinen Brotzeit bei Verrazzano-Wein, (**Tel. 0 55 26 85 90**; Mo–Sa 8–21 Uhr, So geschl.) ●

Die Atmosphäre der eleganten Piazza della Signoria kann man im »Caffè Rivoire« bei der berühmten Schokolade genießen. Cosimo I. de' Medici ließ sich hier von Giambologna ein **Reiterdenkmal** errichten (1594), den **Neptunbrunnen** schuf der Bildhauer Bartolomeo Ammannati (1575).

### Florentiner Hausnummern

Schwarze Hausnummern kennzeichnen die Privathäuser, rote Hausnummern Geschäfte etc. Letztere werden durch ein »r« für *rosso* (rot) hinter der Ziffer angezeigt.

## *Palazzo Vecchio ❼

Der Palast mit seinem 94 m hohen Turm beherrscht die Piazza. Dombaumeister Arnolfo di Cambio errichtete ihn ab 1299 für die Vorsteher der Zünfte, die als *Signori* die Stadt regierten (daher der Name der Piazza). Reich dekoriert sind die Prunkräume des Palasts, allen voran der ***Saal der Fünfhundert** (Mo–Mi, Fr–So 9 bis 19, Do, Fei nur bis 14 Uhr, Familien- oder Sammelticket mit der Cappella Brancacci in Santa Maria del Carmine im Viertel Oltrarno).

Die *Lanzichenecchi*, die hier stationierten Landsknechte Cosimos I., gaben der **Loggia dei Lanzi ❽** ihren Namen. Der große offene Hallenbau beherbergt einzigartige Skulpturen wie den *Perseus* von Benvenuto Cellini.

# ***Uffizien ❾

Nach der Eroberung Sienas 1555 benötigten die Medici eine Verwaltungszentrale zur Kontrolle ihres Herzogtums. So errichtete Vasari ❯ S. 133 die Uffizien als Amtsräume *(uffici)* für Cosimo I.

In 45 Sälen beherbergen sie heute eine der berühmtesten Gemäldesammlungen der Welt. Neben bedeutenden Werken der toskanischen Kunst (von Cimabue und Giotto bis Botticelli, Leonardo da Vinci u. Michelangelo) sieht man großartige Werke von Künstlern aus anderen italienischen Regionen (Raffael, Tizian und Caravaggio) sowie von deutschen (Dürer, Cranach, Holbein) und niederländischen Meistern (Ru-

Die prächtige Sala della Tribuna, die Keimzelle der Uffizien

bens, Rembrandt). (Di–So 8.15 bis 18.50 Uhr; www.polomuseale.firenze.it).

# **⋆⋆Ponte Vecchio ❿**

Die älteste Brücke von Florenz, 1345 errichtet, gilt als Wahrzeichen der Stadt. Ferdinand I. de' Medici reservierte die Läden im 16. Jh. den Gold- und Silberschmieden – heute sind es noch 34!

# **Jenseits des Arno**

### **⋆⋆Palazzo Pitti ⓚ**

Mächtig erhebt sich der Palazzo Pitti auf der südlichen Arno-Seite. Brunelleschi entwarf ihn 1440 für die Familie Pitti. 1549 zwangen die Medici die Pitti zum Verkauf des Palasts. Bartolomeo Ammannati erweiterte das Gebäude im

16. Jh. zum größten Florentiner Palazzo (205 m lang, 38 m hoch), der heute mehrere Sammlungen und Museen beherbergt, darunter die kostbar ausgestatteten Prunkräume der **⋆Appartamenti Monumentali**. Eine erlesene Gemäldesammlung präsentiert die **⋆⋆Galleria Palatina,** so 11 Werke von Raffael und 13 von Tizian. Italienische Malerei des 19. Jhs bildet den Schwerpunkt der **Galleria d'Arte moderna** (alle Di–So

### **Firenze Musei**

Unter diesem Namen arbeiten u.a. die Uffizien, die Museen im Palazzo Pitti, die Medici-Kapellen, die Galleria dell'Accademia und der Bargello zusammen. Um Wartezeiten zu vermeiden, kann man gegen Gebühr Karten reservieren unter Tel. 0 55 29 48 83 von Mo–Fr 8.30–18.30, Sa 8.30–12.30 Uhr, www.firenzemusei.it

8.15–18.50 Uhr). Das **\*Silbermuseum** (Museo degli Argenti) hütet funkelnde Kostbarkeiten. In einem Seitenflügel widmet sich die **Galleria del Costume** der Modegeschichte und in den einem Gartenpavillion zeigt das **Museo delle Porcellane** edles Porzellan (geöffnet wie Giardino di Boboli, s.u.).

Auf der rückwärtigen Seite des Palastes liegt die Gartenanlage **\*\*Giardino di Boboli** ❶, einer

**Echt gut!** der **schönsten Barockgärten Italiens** mit Terrassen, Wasserspielen, Zypressenalleen, der »Grotte des Buontalenti«, einem Amphitheater und dem Neptunbrunnen (Juni–Aug. 8.15–19.30, März bis 17.30 Uhr, April, Mai, Sept., Okt. bis 18.30, Nov.–Feb. bis 16.30 Uhr; 1. u. letzter Mo im Monat geschl.; www.polomuseale.firenze.it). Für die Galerien und Museen sowie den Garten gibt es drei Kombitickets, darunter eins, das für alle gemeinsam gilt.

## In Santo Spirito und San Frediano

Die beiden kleinen Stadtviertel westlich des Palazzo Pitti haben mit kleinen Läden, Trattorien und vielen Handwerksbetrieben, vor allem Restauratorenwerkstätten, ihren ursprünglichen Charakter bewahrt. So mancher Handwerker kombiniert traditionelle Techniken mit modernem Design.

Filippo Brunelleschi errichtete die Renaissance-Kirche **Santo Spirito** ⓜ (Mo, Di, Do–Sa 9.30 bis 12.30, 16–17.30, So, Fei 16 bis 17.30 Uhr, gratis) an dem einladenden, begrünten Platz gleichen Names.

### Restaurant

**Cantinone del Gallo Nero**
Via S. Spirito 6 r
Tel. 0 55 21 88 98
Man sitzt im urigen Kellergewölbe und genießt **toskanische Spezialitäten.** Mo geschl. ●–●●

Echt gut

## Aus der Stadtgeschichte

Julius Cäsar gründete 59 v.Chr. die Veteranenkolonie Florentia. Ihre schachbrettartige Straßenanlage blieb um die heutige Piazza della Repubblica erhalten. Um 1000 brachte der Warenverkehr wirtschaftlichen Aufschwung, und erste Bauten wie das Baptisterium und San Miniato al Monte entstanden.

Wolle und Seide sowie die in ganz Europa verzweigten Bankgeschäfte machten Florenz reich. Kaufleute und Handwerker schlossen sich in Zünften *(Arti)* zusammen und übernahmen die Regierung in der freien Kommune. Mächtige Familien wie die Strozzi und die Pitti wetteiferten mit den Medici beim Bau ihrer Stadtpaläste und um die Macht. 1434 übernahm Cosimo de' Medici die faktische Alleinherrschaft. Die Unterwerfung der Städte im Umland, von Fiesole bis Pisa, machte aus dem Stadtstaat einen Regionalstaat, den Kaiser Karl V. 1530 den Medici als erbliches Herzogtum überließ. Florenz wurde in das neue Herzogtum eingebunden. Zwischen 1865 und 1871 trumpfte Florenz noch einmal mächtig auf als Hauptstadt Italiens und Sitz des Königshofes.

## Shopping

■ Feinste Intarsienarbeiten aus Marmor, Edel- und Halbedelsteinen verkauft **Pitti Mosaico, Piazza de' Pitti 23 r** (www.pittimosaici.com).

■ In der **Via Maggio** und in der **Via di Santo Spirito** findet man gute Antiquitätenläden.

■ **Giannini Giulio e figli** an der **Piazza de' Pitti 37 r** führt edle Schreibutensilien und marmoriertes Papier.

# An der Piazza della Repubblica

Im Herzen der Stadt, wo einst das römische Forum lag, trifft man sich heute in den Cafés: dem eleganten »Paszkowski«, dem stilvollen »Gilli« oder dem traditionsreichen »Giubbe Rosse«. Vom Dachcafé des Kaufhauses »La Rinascente« genießt man eine wunderschöne Aussicht, im Café der riesigen Buchhandlung »Edison« unter den Arkaden günstige Gerichte an der ansonsten nicht gerade billigen Piazza.

## Palazzo Strozzi

Der wuchtige Repräsentationsbau der Familie Strozzi, 1489 von Filippo Strozzi in Auftrag gegeben, ist nicht zu übersehen. Er verkörpert die Palast-Architektur der Florentiner Frührenaissance in Reinform.

## Shopping

■ Südlich der Piazza della Repubblica, in der **Via Calimala** und in ihrer Verlängerung, der **Via Por Santa Maria,** sowie der parallelen **Via de' Calzaiuoli** befinden sich die Geschäfte der internationalen Modeketten.

■ Die Mode italienischer Topdesigner wie Gucci oder Roberto Cavalli verkaufen exquisite Boutiquen nördlich und westlich der Piazza, in der **Via degli Strozzi,** der **Piazza degli Strozzi,** der **Via dei Tosinghi** und der **Via della Vigna Nuova** – und natürlich in der elegantesten Einkaufsstraße der Stadt, der **Via de' Tornabuoni.**

# **Santa Maria Novella

An der weiten Piazza Santa Maria Novella überrascht die schöne *Renaissance-Fassade der gleichnamigen Kirche. Die Strozzi ließen sich hier wie die anderen mächtigen Florentiner Familien, die Gondi und die Tornabuoni, eine prächtige Kapelle ausmalen – das schlechte Gewissen plagte die Kaufleute, die zu Wucherzinsen Geld verliehen. Die wunderbaren Fresken der *Hauptchorkapelle gab der Florentiner Kaufmann Giovanni Tornabuoni bei Domenico Ghirlandaio in Auftrag und setzte somit seiner Familie ein Denkmal. Giovanni und seine Gattin beten an den Seiten des Fensters, die junge Frau im Goldbrokatkleid (in der Szene der Geburt Marias) ist ihre Tochter Ludovica.

Ein Hauptwerk des 15. Jhs. ist das *Trinitätsfresko von Masaccio (um 1427) im linken Seitenschiff, das man näher betrachten sollte. Mit diesem auf den ersten

Blick unscheinbaren Bild revolutionierte er die Malerei durch die Einführung der Linearperspektive. (Mo–Do 9–17.30, Fr 11 bis 17.30, Sa 9–17, So, Fei 13 bis 17 Uhr, Eintritt).

Im Hospital San Paolo gegenüber der Kirche erläutert das **\*Museo Nazionale Alinari della Fotografia**  die Geschichte der Fotografie anhand von rund 140 historischen Aufnahmen sowie alten Kameras u.Ä. (tgl. außer Mi 10–19.30 Uhr, bei Ausstellungen geänderte Öffnungszeiten; www.alinarifondazione.it).

**Echt gut!** Nach alten Original-Rezepten zubereitete Kräuterliköre, Seifen, Crèmes und Düfte erwirbt man in der **Officina Profumo Farmaceutica di Santa Maria Novella,** der stilvollen, 1612 gegründeten Apotheke der Mönche von Santa Maria Novella **(Via della Scala 16).**

Frische Ware im Mercato Centrale

# Nördlich des Doms

Im Viertel nördlich des Doms treffen sich die Studenten der nahen Uni, Hausfrauen beim Einkauf in der **Markthalle**  und Touristen. Wenn die Markthalle mittags schließt, kann man an den Ständen des Straßenmarkts entlangbummeln, Kitsch oder auch die neueste Mode sowie Lederwaren in der zweiten Reihe begutachten. An der Piazza del Mercato Centrale hinter der Halle spielt sich **das Leben bis spät nachts draußen** in den netten Restaurants und Lokalen ab. **Echt gu'**

## **\*\*San Lorenzo** **S**
Dieser unvollendet wirkenden Kirche fehlt tatsächlich die sonst übliche Marmorverkleidung. Einen Blick in den Renaissance-Raum, den Brunelleschi im Auftrag der Medici so großartig umbaute, sollte man aber unbedingt werfen. Schon die beiden **\*Kanzeln** von Donatello lohnen den Besuch. Die **\*\*Sagrestia Vecchia**, ebenfalls von Brunelleschi, bildet ein formvollendetes Renaissance-Ambiente (Mo–Sa 10 bis 17, März–Okt. auch So, Fei 13–17 Uhr, Eintritt). **Das Orangenbäumchen im netten Kreuzgang** links von der Kirche ist wirklich fotogen. **Echt gu'**

## **\*\*Cappelle Medicee** **T**
Ein Muss sind die Cappelle Medicee (Zugang hinter San Lorenzo). Neben dem Prunk der **\*Fürsten-**

kapelle wartet in der **Neuen Sakristei** die Eleganz, Kraft und Erhabenheit des schöpferischen Genies von Michelangelo. Der Medici-Papst Leo X. wollte mit dem Familienmausoleum die Großartigkeit seiner Dynastie demonstrieren. Der Wirkung dieses von Michelangelo ab 1520 geschaffenen Gesamtkunstwerks, in dem Architektur und Statuen eine harmonische Einheit bilden, kann man sich kaum entziehen (2. und 4. Mo sowie 1., 3., 5. So im Monat, Di–Sa 8.15–13.50, März–Nov. bis 16.50 Uhr).

### Restaurants

■ Appetit auf absolut Charakteristisches? Bei **Nerbone** (●) in der Markthalle kann man Lampredotto-Semmel (gekochtes Kuheuter) probieren.

■ An der Rückseite der Markthalle isst man typisch toskanisch in urigem Ambiente bei **Zaza** (**Nr. 26 r, Tel. 0 55 21 54 11**, auch Tische im Freien, ●●) oder bei **Mario** (**Via Rosina 2 r, Tel. 0 55 21 85 50**, So und abends geschl., ●).

■ Das freundliche, große Bistro bietet Pizza, Toskanisches und Hamburger: **The ClubHouse** (**Via dei Ginori 4r-10r, Tel. 055 21 14 27,** ●–●●)

# Um die Piazza San Marco

Direkt an der Piazza präsentiert sich die **Kirche San Marco** ⓤ in barocker Festlichkeit. Ganz in zarte Seligkeit taucht man im **Museo di San Marco** rechts daneben. Der Zauber der Fresken des Mönchs Fra Angelico, besonders seiner **Verkündigung**, berührt alle Betrachter (Mo–Fr 8.15–13.50, Sa, So bis 16.50 Uhr; 2. und 4. Mo sowie 1., 3., 5. So im Monat geschl.).

Nur wenig entfernt bewundert man in der **Galleria dell'Accademia** Ⓥ das Original von Michelangelos **David** und dessen **Prigioni** (Die Gefangenen). Obwohl unvollendet, zählen sie zu den großartigsten Werken des Künstlers (Di–So 8.15 bis 18.50 Uhr).

»Kindergarten in herrlicher Renaissance-Architektur« – so könnte man das Ensemble des **Ospedale degli Innocenti** Ⓦ an der weiten Piazza SS. Annunziata mit der namengebenden, sehenswerten **Kirche SS. Annunziata** aus dem 13. Jh. bezeichnen. Brunelleschi errichtete ab 1419 das prunkvolle und zugleich funktionale Ospedale für Findelkinder. In dem Gebäude ist – neben einem Kindergarten und einer Ludothek – auch die **Pinakothek** untergebracht, u.a. mit Werken Botticellis, Luca della Robbias und Ghirlandaios (tgl. 10 bis 19 Uhr).

# Im Viertel Santa Croce

Wo einst der Popolo, das Volk von Florenz lebte, öffnen heute in den Gassen zwischen **Palazzo Vecchio** ❭ S. 50 und der **Piazza Santa Croce** Ⓧ immer mehr Sou-

Santa Croce

venirgeschäfte. Lediglich um die Markthalle Sant'Ambrogio trifft man noch Florentiner Originale.

### ***Santa Croce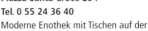

Die Ordenskirche der Franziskaner mit überwältigendem Innenraum weist über 270 in den Boden eingelassene Grabplatten auf; an den Wänden ziehen sich die Gräber großer Italiener entlang: Michelangelos, Dantes oder Galileo Galileis. Wie in anderen Bettelordenskirchen gaben auch hier finanzkräftige Familien den Auftrag zur Ausschmückung der Kapellen, z.B. die Bardi oder die Peruzzi (erste und zweite **Kapelle** rechts vom Hauptaltar). Giotto malte für sie die beiden Zyklen aus dem Leben Franz von Assisis sowie Johannes des Täufers und des Evangelisten Johannes. Auf dem Höhepunkt seines Schaffens um 1330 überwand er mit ausdrucksstarken menschlichen Figuren die byzantinische

Starrheit (Mo–Sa 9.30–17.30, So, Fei 13–17.30 Uhr; die Eintrittskarte gilt auch für die von Brunelleschi entworfene **Cappella Pazzi** und das kleine *Museo dell'Opera di Santa Croce* in den Kreuzgängen).

■ **Enoteca Boccadama**
**Piazza Santa Croce 25 r**
**Tel. 0 55 24 36 40**
Moderne Enothek mit Tischen auf der Piazza. Über 400 Weine; und köstliche toskanische Spezialitäten. ●

■ **Teatro del Sale**
**Via de' Maggi** ][ **Tel. 05 52 00 14 92**
**www.teatrodelsale.com**
Neben Theater und Konzerten gibt es reichhaltige Buffets zum Frühstück (7 €), mittags (20 €), abends (30 €).

Echt gut

Durch die Sakristei von Santa Croce gelangt man in den Teil des Klosters, in dem die **Lederschule** von Florenz residiert; dort bekommt man Qualität zu reellen Preisen (Eingang auch in der Via San Giuseppe 5 r).

Am Abend ist das ganztägig geöffnete nette **Caffè Sant'Ambrogio** (**Piazza Sant'Ambrogio 7 r**) ein In-Treff.

### **Bargello ❷

Das wohl schönste Museum der Stadt enthält u.a. eine der bedeutendsten **Skulpturensammlungen** der Welt mit Werken von Michelangelo und Donatello sowie anderen Meistern der Renaissance. Das strenge Gebäude wurde 1255–1261 als erster Sitz für die kommunalen Institutionen errichtet. Seine reich dekorierten Säle bilden den Rahmen für die einzigartigen Statuen (tgl. 8.15 bis 13.50 Uhr; 2. und 4. Mo sowie 1., 3. und 5. So im Monat geschl.).

## Infos

### Firenze Turismo Informationsbüros:
■ **Via Cavour 1 r**
**Tel. 0 55 29 08 32/33**
Mo–Sa 8.30–18.30 Uhr
■ **Flughafen Peretola**
**Peretola Via del Termine 1**
**(Ankunftsebene)**
**Tel. 0 55 31 58 74**
tgl. 8.30–20.30 Uhr
■ **Piazza Stazione 4**
**(vor dem Bahnhof)**
**Tel. 0 55 21 22 45**
Mo–Sa 8.30–19, So, Fei 8.30–14 Uhr
■ **Loggia del Bigallo**
**(Südseite des Domplatzes)**
**Tel. 0 55 28 84 96**
Mo–Sa 9–19, So, Fei 9–14 Uhr
■ **www.firenzeturismo.it**
■ **www.comune.firenze.it** (Ital./Engl.)
■ **www.firenzemusei.it**
(Infos zu Museen wie Öffnungszeiten, Eintritt, Ausstellungen u.a.)

### Hotelreservierung:
■ **Florence Promhotels**
**Viale A. Volta 72**
**Tel. 0 55 55 39 41**
**Gratis-Tel. in Italien 8 00 86 60 22**
**www.prenotafirenze.it**
■ **Florence Planet**
**im Infobüro am Bahnhof (s.o.)**
Mo–Sa 8.30–18.30 Uhr
■ **Consorzio Firenze Albergo**
**Via Valfonda 9 ][ 50123 Firenze**
**Tel. 05 52 70 72 78**
**www.firenzealbergo.it**
Mo–Fr 9–13, 15–18 Uhr

## Verkehrsmittel

■ Das Ticket für **Stadtrundfahrten** im offenen Doppeldeckerbus gilt auch 24 Std. in Linienbussen der ATAF. Infos: Piazza Stazione 1, Tel. 0 55 29 04 51; www.firenze.city-sightseeing.it
■ **Öffentliche Verkehrsmittel: Bus-Tageskarte für 5 €, 3-Tageskarte 12 €. 90-Minuten-Ticket 1,20 €;** Echt gut!
Infos: www.ataf.net (auch Engl.)

## Hotels

■ **Loggiato dei Serviti**
**Piazza SS. Annunziata 3**
**Tel. 0 55 28 95 92**
**www.loggiatodeiservitihotel.it**
38 noble Zimmer, antik möbliert, in einem Gebäude des 16. Jhs. ●●–●●●
■ **Orto de' Medici**
**Via S. Gallo 30 ][ Tel. 0 55 48 34 27**
**www.ortodeimedici.it**
Klassisch-eleganter Komfort in einem Palast aus dem 19. Jh. unweit von San Lorenzo, schöne Gartenterrasse. 42 Zimmer, drei für Familien. ●–●●●
■ **Casci**
**Via Cavour 13 ][ Tel. 0 55 21 16 86**
**www.hotelcasci.com**
Familienhotel mit viel Atmosphäre im ehemaligen Palazzo Gioacchino Rossinis nahe der Piazza San Marco. ●●
■ **Fiorino**
**Via Osteria del Guanto 6**
**Tel. 0 55 21 05 79**
**www.hotelfiorino.it**
Ruhiges, kleines Hotel mit 23 Zimmern nahe dem Palazzo Vecchio. ●●
■ **Albergo Firenze**
**Piazza Donati 4 (Via del Corso)**
**Tel. 0 55 21 42 03**
**www.hotelfirenze-fi.it**
Schlichtes Haus mit 57 Zimmern, zwischen Dom und Piazza Signoria gelegen, aber ruhig. ●–●●

Für Genießer: Enoteca Pinchiorri

## Restaurants

### ■ Enoteca Pinchiorri
**Via Ghibellina 87**
**Tel. 0 55 24 27 77**
Führendes Feinschmeckerlokal,
nahe Santa Croce. So, Mo sowie
mittags geschl. ●●●

### ■ Mamma Gina
**Borgo San Jacopo 37 r**
**Tel. 05 52 39 60 09**
Gehobene toskanische Küche in einem
Palast des 15. Jhs beim Palazzo Pitti.
So geschl. ●●●

### ■ Il Latini
**Via Palchetti 6 r ][ Tel. 0 55 21 09 16**
Rustikale toskanische Küche, nicht weit
von Santa Maria Novella, Schinken
hängen von der Decke. Mo geschl. ●●

### ■ Il Santo Bevitore
**Via S. Spirito 66 r**
**Tel. 0 55 21 12 64**
Toskanische Küche, auch Vegetarisches,
und gute Weine in der Nähe von Santo
Spirito. So mittags im Winter geschl. ●

### ■ Fuoriporta
**Via Monte alle Croci 10 r**
**Tel. 05 52 34 24 83**
Sehr gute Enothek unterhalb des Piaz-
zale Michelangelo, kleine Gerichte. ●

## Shopping

**Markt** beim Park Le Cascine
(jeden Di Vormittag) mit vielen prakti-
schen Dingen des täglichen Bedarfs.

## Nightlife

### ■ Tenax
**Via Pratese 46**
**(Bus 29, Nähe Flughafen)**
In-Disco, oft Livemusik.

### ■ Central Park
**Via Fosso Macinante 1**
Große Disco im Cascine-Park, auch im
Sommer beliebt.

### ■ Jazz Club
**Via Nuova dei Caccini 3**
Toller Life-Jazz beim Teatro Pergola.

### ■ Dolce Vita
**Piazza del Carmine 5**
Vom Aperitif bis nach Mitternacht:
Hier trifft man sich im Viertel San
Frediano.

### ■ Negroni
**Via dei Renai 17 r**
In-Café mit Musik im Viertel
San Niccolo: Aperitif mit Snacks.

### ■ The Old Stove
**Via Pellicceria 2 r**
Vom Frühstück ab 11 bis zum Guinness
um 2 Uhr nachts beliebter Treff südlich
der Piazza della Repubblica.

## Events

### ■ Ostersonntag: Scoppio del Carro
am Domplatz ❯ S. 35.

### ■ 2. April-Hälfte: Mostra interna-
**zionale dell'Artigianato,** die Ausstellung zeigt die toskanische Hand-
werkskunst in allen Facetten in der
Fortezza da Basso (www.mostra
artigianato.it).

### ■ April/Mai: Fabbrica Europa,
zeitgenössische Kunst aus 35 Ländern:
Theater, Tanz, Musik und Installationen

in der Stazione Leopolda; Infos: **www. ffeac.org**

■ Mai/Juni: **Maggio Musicale Fiorentino,** Konzerte und Opern mit Spitzenstars der Szene; Infos und Online-Tickets: **www.maggiofiorentino.com**

■ Juni: **Festtag des Stadtpatrons Johannes des Täufers,** großes Feuerwerk am 24.6.

■ Juni–September: **Estate Fiorentina,** Events jeden Abend in den Murate (östl. S. Croce), im Amphitheater des Cascine-Parks und anderenorts.

■ Okt.: **Musica dei Popoli,** einen Monat lang Konzerte von Musikern aus der ganzen Welt (**www.musica deipopoli.com**).

# Ausflug nach *Fiesole 2

Von oben herab schaut das kleine – und viel ältere – Fiesole auch heute noch auf Florenz. Man sollte möglichst einen Abend in Fiesole verbringen: **Die Aussicht auf die Lichter von Florenz ist grandios.**

An der **Piazza Mino da Fiesole** stehen der wappengeschmückte **Palazzo Pretorio** (14. Jh.), und der romanische **Dom San Romolo** (1028 begonnen). Nur etwas weiter liegt die Hauptsehenswürdigkeit, die * **Archäologische Zone** mit dem römischen * Theater, den Thermen und dem römischen Tempel (1. Jh. v. Chr.) sowie den Mauern aus etruskischer Zeit (April–Sept. tgl. 10–19, März, Okt. tgl. 10–18, Nov.–Feb. Mi–Mo 10–14 Uhr). Das * **Archäologische Museum** liegt ebenfalls in

der Ausgrabungszone, das **Museo Bandini** mit toskanischer Kunst des 13.–15. Jhs. gleich davor (Ticket der Archäologischen Zone gilt für beide, Museo Bandini Fr, Sa, So Nov.–Feb. 10–17, März bis Okt. bis 18 Uhr, April–Sept. bis 19 Uhr). Besonders schön sind die **Konzerte im römischen Theater** während der **Estate Fiesolana** (www.estatefiesolana.it).

Ein romantischer Spaziergang führt hinauf auf den Hügel zur Kirche **San Francesco.**

## Infos

**Ufficio Turistico**
**Via Portigiani 3** ][ **Tel. 05 55 96 13 11**
**www.comune.fiesole.fi.it**

## Verkehrsmittel

Fiesole erreicht man in 30 Min. von Florenz mit Bus Nr. 7 von der Piazza San Marco (❯ S. 55). Der Bus hält in Fiesole an der Piazza Mino da Fiesole. Bis Mitternacht fahren Busse zurück nach Florenz.

## Hotel

**Bencistà**
**Via Benedetto da Maiano 4**
**Tel. 05 55 91 63**
**www.bencista.com**
Stilvolles, mittelgroßes Haus mit antikem Mobiliar und schöner Aussichtsterrasse, umgeben von Grün. ●●

## Restaurant

**Artegaia**
**Via Faentina 1** ][ **Tel. 05 55 97 84 98**
Sehr gutes Fischrestaurant unterhalb der Badia Fiesolana. Auch komplette Menüs. Di–Sa mittags und Mo geschl., im Hochsommer Sa geschl. ●●●

# Unterwegs im Chianti

## Das Chianti fiorentino

### Impruneta

Das Eingangstor zum Chianti-Gebiet ist *das* Terrakotta-Zentrum der Toskana. Seit dem 14. Jh. wird hier Keramik hergestellt. Alle Straßen führen zur **Piazza Buondelmonti,** auf der einen Seite von Loggien, auf der anderen vom Portikus der **Basilika Santa Maria** gerahmt.

Am letzten September-Sonntag findet die **Festa dell'Uva** (Traubenfest) statt, mit einem Festumzug, einer Weinmesse, gastronomischem Programm und Musik.

### Hotel

**Azienda Agricola La Salvadonica**
Via Grevigiana 82
50020 Mercatale Val di Pesa
Tel. 05 58 21 80 39
www.salvadonica.com
Idyllische Bauernhäuser (15. Jh.) gut 8 km südöstlich, Frühstücksbuffet, Tennis, Schwimmbad. ●●

### Toscana & Chianti News

Infos zu Restaurants, Unterkünften, Weinprobierstuben, Shopping und Events auf Deutsch, Englisch und Italienisch liegen in Hotels, Restaurants und Reisebüros aus. Auch online bekommt man Informationen: www.toscanaechiantinews.com.

### Shopping

**M.I.T.A.L. Angiolo Mariani & Figli**
Via di Cappello 31
Tel./Fax 05 52 01 14 14
www.terrecottemital.it
Einzigartige Terrakotta-Produkte; Riesenauswahl an Tonkrügen, Vasen, Statuen u.v.m.

### Aktivitäten

Eine schöne **Fahrrad-Rundtour** durch die Chianti-Region ist die Rundstrecke Florenz–Impruneta–Florenz; Infos: www.impruneta.com

### *Greve in Chianti

In dem hübschen Ort lädt die schmucke asymmetrische **\*Piazza Matteotti** mit Laubengängen zum entspannten Bummel ein, zur Shopping-Tour die vielen Weinhandlungen wie die **Enoteca del Gallo Nero** verführen. Die Salami zum Wein findet man seit 1729 bei **Falorni** (Piazza Matteotti 69–71, www.falorni.it). Wein- und Olivenölproben offeriert **Le Cantine** (nördl. des Platzes), auch teure Supertoskaner kann man für wenige Euro verkosten (tgl. 10–19 Uhr, www.lecantine.it).

In der **Villa di Vignamaggio,** wenig südlich von Greve, verewigte Leonardo angeblich die hier geborene Mona Lisa. Ihren Namen trägt der Riserva-Wein der Fattoria (Apartments und Zimmer, Tel. 0 55 85 46 61, www.vignamaggio.com). Die Villa bot die Kulisse für **Kenneth Branaghs Shakespeare-Verfilmung von »Viel Lärm um nichts«.** Der Set im italienischen *Garten ist zu besichtigen (5 €, Kinder gratis).

## Infos

**Infobüro**
**Piazza Matteotti 11**
**Tel. 05 58 54 62 99**
**www.chiantislowtravel.it**
**www.greve-in-chianti.com**

## Hotels / Restaurants

■ **Giovanni da Verrazzano**
**Piazza Giacomo Matteotti 28**
**Tel. 05 58 54 60 98**
**www.albergoverrazzano.it.**
Traditionsreiches Hotel (●●) und Restaurant (●●●; Mo geschl.), u.a. Spezialitäten vom Wildschwein, wunderschöne Terrasse zur Piazza. Auch Kochkurse.

■ **Da Omero**
**Loc. Passo dei Pecorai 68/70**
**Tel. 0 55 85 07 15/16**
**www.daomero.com**
Kleines, nettes Hotel (●) mit typisch toskanischem Restaurant (●).

## Shopping

**Enoteca del Gallo Nero**
**Piazzetta S. Croce 8**
**Tel. 0 55 85 32 97**
Bietet vor der Kirche **eine enorme Auswahl des roten Chianti Classico,** dazu kulinarische Spezialitäten.

## Aktivitäten

■ Eine **40-km-Radtour** bringt Sie durch das Chianti-Gebiet, von Greve über Panzano und Radda nach Castellina; Infos zur Strecke: www.greve-in-chianti.com

Falorni in Greve ist anerkannt gut

## Besondere Musikevents

■ In **Torre del Lago Puccini** werden die **Opern des Maestros** auf einer Seebühne im Juli und August im Freien gespielt. ❭ S. 113

■ Besonders suggestiv ist die Atmosphäre bei den **Opernaufführungen** in der Kirche **San Galgano.** ❭ S. 82

■ Im stimmungsvollen Kreuzgang des Dommuseums in **Pisa** finden die **Klassik- und Jazzkonzerte** »Musica sotto la Torre« statt. ❭ S. 106

■ Die Verbindung des exzellenten Brunello mit erstklassigem Jazz lockt viele Besucher zu **Jazz & Wine** nach **Montalcino.** ❭ S. 90

■ Im wunderschönen Ambiente des römischen Amphitheaters in **Fiesole** lauscht man den **Konzerten der Estate Fiesolana.** ❭ S. 59

■ Im Teatro del Silenzio in **Lajatico** (südl. von Pontedera ❭ S. 109) singt **Andrea Bocelli** jedes Jahr gern in seinem Heimatort unter freiem Himmel (www.teatrodelsilenzio.it).

## Ausflug nach Panzano 5

Etwas südlich des Dorfes keltert Fürst Alceo di Napoli Rampolla im **Castello dei Rampolla** (Santa Lucia in Faulle) die Cabernet-Traube. Der samtige rote Spitzenwein *Sammarco* setzt sich aus Cabernet und zu einem Viertel aus der Sangiovese-Traube zusammen. Hinter Panzano besichtigt man die romanische **\*Pieve San Leolino** (13. Jh.).

| Hotel |
| --- |

**Villa Le Barone**
50020 Panzano in Chianti
Tel. 0 55 85 26 21
www.villalebarone.com
Umgebauter Landsitz, 30 Zimmer, ausgestattet mit antikem Mobiliar, in traumhaft ruhiger Lage an der Pieve San Leolino. ●●●

# Das Chianti senese

## Radda in Chianti 6

Der hübsche kleine Ort auf 530 m Höhe bewahrt noch ganz seine elliptische Anlage. Wer durch die Hauptgasse spaziert, genießt die angenehme Atmosphäre und findet sich unversehens vor dem wappengeschmückten **Palazzo del Podestà** (16. Jh.) wieder. Am Ortsrand, in der **Fattoria Vignale**, wurde 1924 das »Consorzio del Gallo Nero« gegründet. Kurz hinter Radda führt eine Straße zum **Castello di Volpaia** auf 600 m Höhe mit traumhaftem **\*Panoramablick.** Der mittelalterliche Charakter des Dorfes und der köstliche Wein (Verkaufsraum am Dorfplatz) lohnen den Abstecher.

 Echt gu

### Dario Cecchini – Fleisch ist sein Leben

Das kleine Panzano verdankt seine internationale Berühmtheit dem Metzgermeister Dario Cecchini. Der Streiter für die *Bistecca alla fiorentina* bietet bestes Fleisch und exzellente Wurstwaren in seinem Geschäft. In seinen Lokalen sorgt er auch selbst für die richtige Zubereitung. Die Auswahl ist schier unglaublich. Reservieren Sie rechtzeitig!

■ **Antica Macelleria Cecchini**
**Via XX Luglio 11 ][ Tel. 0 55 85 20 20 ][ www.solociccia.it**
Die Metzgerei verkauft Schinken, Chianti und Finocchiona-Salami.
So–Do 9–14, im Sommer bis 16, Fr, Sa 9–18 Uhr

■ **Mac Dario bzw. abends Officina della Bistecca**
**Via XX Luglio 5 ][ Tel. 0 55 85 20 20**
Hier gibt es den Mac Dario für 10 € und ein fixes Menü für 20 € pro Person (So mittags geschl.) bzw. abends *Bistecca alla fiorentina* für 50 € pro Person. Fr, Sa 20, So 13 Uhr

■ **Solociccia**
**Via Chiantigiana 5 ][ Tel. 0 55 85 27 27**
*Fixes* Fleischmenü für 30 € pro Person. Do, Fr, Sa 19 und 21, So 13 Uhr

Typische Landschaft im Chianti: Hügel, Weinberge und Gehöfte

## Hotel

**Fattoria Vignale**
**Via Pianigiani 9** ][ **53017 Radda**
**Tel. 05 77 73 83 00** ][ **www.vignale.it**
Nobelhotel in einem Herrenhaus aus
dem 18. Jh. mit Enoteca, Restaurant
(kein Ruhetag, geöffnet April–Nov.)
und Osteria (Dez.–März Di geschl.).

●●●

## Restaurant

**Bar-Ucci**
**Piazza della Torre 9**
**Ortsteil Volpaia** ][ **Tel. 05 77 73 80 42**
Auf der Terrasse kalte Platten mit tos-
kanischen Delikatessen. Mo geschl. ●

## Ausflug nach Castellina in Chianti 7

Einladend sind die Straßencafés
des hübschen Städtchens Castellina in Chianti, und in der »Antica
Trattoria la Torre« vor der
**Rocca** genießt man die Chianti-
Küche (Piazza del Comune, Tel.
05 77 74 02 36, www.anticatratto
rialatorre.com; Fr geschl. ●●).

## Shopping

**Enoteca Le Volte**
**Via Ferruccio 12** ][ **Tel. 05 77 74 03 08**
Gute Quelle für die regionalen
Chianti-Classico-Weine.

## Zwischen Radda in Chianti und Siena

In einer reizvollen waldreichen
Gegend gründeten Mönche im
11. Jh. die **Badia a Coltibuono** 8.
Die romanische Kirche der einstigen Benediktinerabtei besitzt einen mächtigen Campanile. **Gaiole in Chianti** 9 ist ein Zentrum
des Chianti Classico.

Seit dem Mittelalter befindet
sich das **\*Castello di Brolio** 10,
im Besitz der Ricasoli. Hier re-
gierte Baron Bettino Ricasoli
(1809 bis 1880), erster Premier-
minister des Königreichs Italien.
Sein Verschnitt aus roten und
weißen Trauben wurde zum klassischen Chianti ausgebaut. (Enoteca Fr und Dez./Jan. geschl., Tel.
05 77 73 01; www.brolio.it)

Weiter südlich verändert sich die Landschaft, Goldgelb bis Graubraun dominiert: Die Sieneser Crete kündigen sich bei **Castelnuovo Berardenga** 🔟 an. Im Sommer sollte man die **Konzerte in den Villen und Landkirchen** der Gegend nicht verpassen, z.B. im Juli beim Chianti-Festival (www.chiantifestival.com).

*Echt gut!*

## Hotel

**Castello di Spaltenna**
Via Spaltenna 13
53013 Gaiole in Chianti
Tel. 05 77 74 94 83
www.spaltenna.it

Exklusives Hotel im mittelalterlichen Gemäuer des Castello, stilvolles Ambiente. Sauna, Schwimmbad, Tennisplatz. Restaurant und Weinhandlung. ●●●

## Restaurant

**Badia a Coltibuono**
53013 Gaiole in Chianti
Tel. 05 77 74 90 31
www.coltibuono.com
Das Restaurant kredenzt gute Weine (März–Okt., 8. Jan.–Anf. März geschl.); nachmittags Brotzeiten. Wein- und Delikatessenverkauf im Shop an der Zufahrtsstraße (April–Okt. tgl. 9–19, Nov.–Dez. Di–So 9–18 Uhr); Koch- u. Weinkurse (1 oder 3 Tage). ●–●●●

# Unterwegs am Monte Albano

## *Prato 🔢

Am Fuße des Monte Albano liegt das noch weitgehend unentdeckte Prato (188 000 Einw.), das im historischen Stadtkern, den mächtige Mauern des 14. Jhs. umschließen, mit Kunstschätzen aufwartet. Auf der Textilverarbeitung beruht der wirtschaftliche Erfolg der Stadt. Im 13. Jh. waren Prateser Tuche europaweit begehrt, und noch heute gehört Prato zu den wichtigsten Textilproduzenten Italiens.

Von dieser Tradition zeugen *Echt gut!* **wertvolle Stoffe und Webstühle** im **Museo del Tessuto** (Via Santa Chiara 24, Mo, Mi–Fr 10–15, Sa 10–19, So, Fei 15–19 Uhr, So gratis, www.museodeltessuto.it).

## Piazza del Duomo und Piazza del Comune

Die **\*Außenkanzel** sticht an dem im pisanisch-lucchesischen Stil errichteten **\*\*Dom Santo Stefano** ins Auge. Sie ist ein Werk Michelozzos und Donatellos (1428 bis 1438). Die Reliefs mit tanzenden Putten von Donatello gehören zu den besten Arbeiten der Renaissance, ihre Originale befinden sich heute im **\*Dommuseum,** in dem auch kostbare Buchmalereien und Tafelgemälde ausgestellt sind (Mo, Do–Sa 9–13, 14.30–18.30, Mi 9–13, So 10 bis 13 Uhr). Im Inneren des Doms bewundert man im **Hauptchor** den schönen, bis 2007 restaurierten **\*\*Freskenzyklus**, den Filippo Lippi 1452–66 schuf (Kapelle

Mo–Sa 10–17, So 13–17 Uhr, Eintritt). In der ersten Kapelle links neben dem Eingang wird Pratos wertvollste Reliquie aufbewahrt: »La Sacra Cintola«, der Heilige Gürtel, den Maria bei ihrer Himmelfahrt als Beweisstück zurückließ. Fresken von Agnolo Gaddi erläutern die Legende.

Die **Piazza del Comune** zieren ein **Bacchus-Brunnen** (1659) und die Statue des Kaufmanns Francesco di Marco Datini ❯ S. 66. Die klassizistische Fassade des **Palazzo Comunale** wirkt beschwingt, verglichen mit dem wuchtigen **Palazzo Pretorio** gegenüber.

Durch die Via Guasti gelangt man zur **Piazza San Domenico**. Der schöne Kreuzgang der gleichnamigen **Kirche** beherbergt das Museum für Wandmalerei mit sehenswerten Fresken und Sinopien aus den Kirchen Pratos (Mo, Do, Fr 9–13, 14.30–18.30, Mi 9–13, Sa 10–13, 14.30–18.30, So 10 bis 13 Uhr; Tel. 05 74 44 05 01; Sommerhalbjahr neue Öffnungszeiten; für das Museum für Wandmalerei, das Dommuseum und die Kaiserburg gibt es ein Sammelticket).

Außenkanzel am Dom von Prato

## Kirchen und Burgen

Die Via Cairoli führt zu **\*Santa Maria delle Carceri**. Giuliano da Sangallo errichtete die Kirche (1484–1495) in Form eines griechischen Kreuzes. Der Zentralbau zeigt im Inneren Hochrenaissance-Architektur (tgl. 7–12, 16 bis 19 Uhr, gratis).

Die 1248 von Friedrich II. erbaute **\*Kaiserburg** ist mit Anklängen an die apulisch-staufische Burgentradition die einzige ihrer Art in ganz Nord- und Mittelitalien (Mi–Mo April–Sept. 9–13, 16–19, Okt.–März 9–13 Uhr, z.Zt. in restauro und gratis). Nicht nur für Kinder interessant ist **der Weg über einen Korridor und auf den Wehrgängen** mit schönen Ausblicken zum **Cassero** (geöffnet bei Ausstellungen, gratis).

Etwas weiter erreicht man die Kirche **San Francesco**. Sehenswert sind in dem 1294 gotisch begonnenen Bau die Grabplatte Datinis (1411) sowie der Kreuzgang aus dem 15. Jh. samt Kapitelsaal mit Fresken von Niccolò Gerini (tgl. 8–12, 16–18.30 Uhr, gratis).

## Vom Palazzo Datini vor die Tore der Stadt

Man folgt der Via Rinaldesca zum Frührenaissance-Palazzo Datini. Die im Archiv des Palastes aufbewahrte Korrespondenz des Kaufmanns Francesco di Marco Datini (1330–1410) mit Handelspartnern in ganz Europa bildet eine einmalige Quelle zur Wirtschaftsgeschichte der Zeit.

Etwas außerhalb des Stadtkerns lohnt das **Museo d'Arte Contemporanea Luigi Pecci** einen Besuch, denn es ist eines der größten Museen für zeitgenössische Kunst in Italien (Viale Repubblica 277, Mi–Mo 10–19 Uhr, Eintritt; www.centropecci.it).

## Infos

**APT Prato**
**Piazza Duomo 8 ][ Tel. 0 57 42 41 12**
**www.pratoturismo.it** (auch Dt.)
Das Monatsheft »Pratomese« (gratis) informiert über Veranstaltungen.

## Hotel

**Hotel Flora**
**Via Cairoli 31 ][ Tel. 0 57 43 35 21**
**www.hotelflora.info**
Angenehmes Hotel im Zentrum mit zweckmäßigen Zimmern, Frühstücksbuffet, Terrasse, Garage. ●●

## Restaurants

■ **Enoteca Barni**
**Via F. Ferrucci 22**
**Tel. 05 74 60 78 45**
Kleines Lokal mit günstigen Mittagsgerichten, abends exzellente Fischgerichte à la carte. Mo–Mi mittags, Do–Sa auch abends, im Juli und Aug. nur Mo–Fr mittags geöffnet. ●—●●●
■ **Osteria Cibbè**
**Piazza Mercatale 49**
**Tel. 05 74 60 75 09**

**Familientrattoria mit traditioneller Prateser Küche.** So geschl. ●

## Shopping

■ **In der Fabbrica di Cantuccini von Antonio Mattei wird das bekannte Mandelgebäck** traditionsgemäß in blauen Schachteln und Tüten verkauft **(Via Ricasoli 20–22, Mo geschl.).**
■ **Fierucola di Prato** mit **Kunsthandwerk und Bioprodukten** am 4. Sa und 2. So im Monat auf der **Piazza Buonamici** (außer Juni–Aug.)
■ **Collezionare in Piazza,** Antiquitätenmarkt am 4. Sa/So im Monat auf der **Piazza S. Francesco** (außer Juni, Juli, Aug.)

# Ausflug nach Poggio a Caiano und Carmignano

## Poggio a Caiano 🔢

Nur 8 km südlich von Prato liegt in Poggio die herrschaftliche ＊**Medici-Villa.** Hier ließ sich Lorenzo il Magnifico ab 1480 erstmals ein von der mittelalterlichen Burgentradition losgelöstes Refugium auf dem Lande bauen. Im Sinne der Antike stellte er *otium* – Müßiggang, Erholung vom Alltag in Florenz, philosophische Gespräche und Feste in den Mittelpunkt. Giuliano da Sangallo gestaltete die Villa nach dem Vorbild toskanischer Landhäuser.

In dem zauberhaften Garten besucht man die **Limonaia,** den Zitronengarten. Eine Besonderheit ist das Stilllebenmuseum in der Villa, das **Museo della Natura Morta** (Via Cancellieri, tgl. ab 8.15, Villa jede Std. ab 8.30, Juni bis Aug. letzter Einlass 18.30 Uhr, ab Sommerzeitanfang–Mai, Sept.

bis 17.30, März–Sommerzeitanfang, Okt. bis 16.30, Nov.–Feb. bis 15.30 Uhr; 2. und 3. Mo im Monat geschl., gratis; Museum ab 9 Uhr jede Stunde (nicht 13 Uhr); gratis, aber Kartenvorbestellung ist Pflicht: Tel. 0 55 87 70 12).

## Carmignano

Modernes Museum Luigi Pecci

Die Weine aus dieser 5 km entfernten Stadt tragen seit 1990 das Gütezeichen DOCG ❯ S. 37/38. Und den Weinen widmet sich das **Weinmuseum** im Keller des Rathauses (April–Sept. Di–So 9.30 bis 12.30, 16–18.30, Okt.–März Di–Sa 10–12, 15.30–16.30, So 9.30–12.30; Juli/Aug. So nur 9.30 bis 12.30 Uhr). Den Ortskern überragt die **Torre del Campano**, einziges Relikt der mittelalterlichen Festung.

Kunstliebhaber zieht es in die **Kirche San Michele,** die mit der *Heimsuchung ein frühes manieristisches Meisterwerk mit eigenwilliger Farbgebung von Jacopo da Pontormo besitzt.

Antiquitätenfreunde lockt der **Antiquitätenmarkt** (jeden 1. So im Monat, außer Aug.).

### Hotels

■ **Hotel Hermitage**
**Via Ginepraia 112**
**59016 Poggio a Caiano**
**Tel. 0 55 87 72 44**
**www.hotelhermitageprato.it**
Ruhig gelegen in den Hügeln im Ortsteil Bonistallo, Panorama-Restaurant, Pool. ●—●●

■ **Tenuta di Capezzana**
**Via Capezzana 100**
**59015 Carmignano**

**Tel. 05 58 70 60 05**
**www.capezzana.it**
Das herrlich gelegene Anwesen bietet Zimmer und Apartments, auch Koch- und Weinkurse, Tennisplatz, Pool. ●

### Restaurants

■ **Su pe' i canto**
**Piazza Matteotti 25**
**59015 Carmignano**
**Tel. 05 58 71 24 90**
Klassische Trattoria mit guter toskanischer Hausmannskost. Mo geschl. ●●

■ **Il Falcone**
**Piazza XX Settembre 35**
**59016 Poggio a Caiano**
**Tel. 0 55 87 70 65**
Restaurant mit 50-jähriger Tradition, großartige Grillteller. Mi geschl. ●—●●

### Events

**Festival delle Colline:** Hochkarätige Konzerte in den Hügeln am Monte Albano, u.a. in der Villa in Poggio a Caiano (Juni–Juli). Beim Theaterfestival **Contemporanea** (Ende Sept./Anf. Okt.) zeigen internationale Ensembles ihre Inszenierungen und Events.

Beim **Weinfest** am 3. Wochenende im Sept. fließen aus einem Brunnen der Villa in Poggio a Caiano die Monte-Albano-Weine von Carmignano (www.assedioallavilla.it).

# *Vinci ⓯

Leonardo da Vinci (1452–1519) wurde in diesem Dorf geboren – und nannte sich nach seinem Geburtsort (heute 14 600 Einw.).

Bereits die Anfahrt stimmt auf das mittelalterlich geprägte Zentrum ein, das wie im 12. Jh. noch heute vom *Kastell der Grafen Guidi beherrscht wird. Der Ort richtete zu Ehren seines berühmtesten Sohnes das *Museo Leonardiano ein. Etwa 50 mechanische Modelle seiner Erfindungen

wurden hier nachgebaut. Eine neue Abteilung mit technischen Erfindungen (Baumaschinen und Geräte zur Stoffherstellung) wurde im nahen **Palazzo Uzielli** eröffnet, tgl. 9.30–19, Nov.–Feb. 9.30–18 Uhr, Sammelticket mit Museen u.a. in Montelupo Fiorentino ❭ S. 69. Sehenswert ist auch das **Museo Ideale Leonardo da Vinci** in den Kellergewölben des Kastells (Via Montalbano 2, Tel. 0 57 15 62 96; www.museo leonardo.com; 2012 wegen Restaurierung geschl.). 2 km oberhalb von Vinci besichtigt man in **Anchiano** das **Geburtshaus** des Genies (bis Juli 2012 geschl.).

❭ S. 69

## Infos

**Ufficio Turistico intercomunale**
**Via della Torre 11** ][**Tel. 05 71 56 80 12**
**www.terredelrinascimento.it**

www.stradadileonardo.org (mit Trekking-Ideen in der Umgebung)

## Restaurant

**dalle Vigne – Wine loft**
**Via del Torrino 25** ][ **Loc. Mercatale**
**Tel. 05 71 90 26 75**
Enothek (Mo–Sa 10–24 Uhr) und Restaurant in den Cantine »Leonardo da Vinci«, moderne italienische und toskanische Küche, auch Kleinigkeiten. Sa mittags und So geschl. ●–●●

# Artimino ⓰

Am östlichen Rand des Monte Albano besucht man Artimino mit dem Jagdschloss des Medici-Großherzogs Ferdinand I., der **Villa Medicea *La Ferdinanda**. Der Landsitz in herrlicher Panoramalage trägt den Beinamen »Villa mit den hundert Kaminen«. Das sehenswerte Archäologische Museum (tgl. außer Mi 9.30–13.30, Sa, So, Fei auch 15–18 Uhr, Nov.–Jan. Sa, So, Fei 9.30–13.30, 14–16 Uhr) liegt im mittelalterlichen Borgo. Die idyllische Landschaft, der hervorragende Wein und das mittelalterliche Städtchen Artimono verlocken zum Bleiben.

## Hotel

**Hotel Paggeria Medicea**
**Viale Papa Giovanni XXIII 1**
**Tel. 05 58 75 141**
**www.artimino.com**
Neben der Villa Medicea, mit schönem Ausblick und ausgezeichnetem Restaurant. Zu dem Hotel gehören auch rustikale Apartments in den Häusern des Dorfes. ●●●

### Shopping

**Alimentari Mario Peruzzi**
Via 5 Martiri 21
Te. 05 58 71 80 64
Delikatessenverkauf, serviert auch
kleine toskanische Gerichte und
Wein. Im Winter Mo geschl. ●

# Montelupo Fiorentino 🔢

Im für seine Keramikproduktion
berühmten Ort beherbergt der
**Palazzo Pretorio** die Touristeninformation und das 2008 eröff-
nete **Museo Contemporaneo** mit
Design und Keramik vom Ende
des 19. bis ins 21. Jh. (Via Baccio
Sinibaldi, Do, Fr 10–13, Sa, So 10
bis 8 Uhr). Das sehr sehenswerte
**\*Museo della Ceramica** zeigt in
einem großen Gebäudekomplex
an der Piazza Vittorio Veneto gla-
sierte Keramik (Majolika) von der
Antike bis zu neueren Stücken aus
Montelupo (März–Okt. Mi–So 11
bis 19, Nov.–Feb. Sa 14–19, So 11
bis 19 Uhr, Sammeleintritt für alle
Museen; www.museomontelupo.
it). Im Juni findet die Festa della
Ceramica statt.

### Hotel

**Azienda Agricola Il Cavallone**
Via Malmantile 12–16
Tel./Fax 0 57 15 16 05
www.ilcavallone.it
Apartments inmitten von Olivenhainen
und Weinbergen. ●

### Restaurant

**Osteria Bonanni**
Via Turbone 9 ][ Tel. 05 71 91 34 77

Ausgezeichnete traditionelle toskanische Küche. So mittags und Mo geschl.
●—●●

### Shopping

■ **Bartoloni**
Corso Garibaldi 34
Schöne Keramiken mit dem gelben
Vögelchen – dem traditionellen Motiv.
■ **La Galleria**
Via XX Settembre 7
Tische mit herrlichen Keramikplatten.

# \*Montecatini Terme 🔢

Zu Beginn des 20. Jhs. entstanden
in der noblen, vielbesuchten Kurstadt (21 400 Einw.) prächtige
Thermalanlagen, am bekanntesten ist **Tettuccio**. Im oberen Teil
der Stadt wechseln schöne Parks
mit Hotels im Stil der Zeit um
1900 ab. Von Montecatini Terme
sollte man mit der Drahtseilbahn
nach **Montecatini Alto** (290 m;
Mitte März–Okt.) fahren. Von

Eines der nobelsten Thermalbäder
Europas – Montecatini Terme

diesem kleinen Burgstädtchen aus genießt man einen schönen Rundblick. Die Piazza Giuseppe Giusti säumen einladende Straßencafés und Restaurants.

### Infos

**APT Montecatini/Valdinievole**
Viale Verdi 66
Tel. 05 72 77 22 44
www.montecatiniturismo.it

### Hotels

■ **Grand Hotel Vittoria**
Viale della Libertà 2 a
Tel. 0 57 27 92 71
www.hotelvittoria.it
Traditionshaus mit Jugendstilambiente, Beautyzentrum und Pool; im eleganten Restaurant regionale Küche. ●●—●●●

■ **Park Hotel Le Sorgenti**
Via Matteotti 198
51018 Pieve a Nievole
Tel. 05 72 95 11 16
www.lesorgentiph.it
Etwas südöstlich: 48 schöne Zimmer in toskanischer Villa mit Park. Pool. ●●

### Shopping

**Andrea Slitti**
Via Francesca Sud 1268
51015 Monsummano Terme
Tel. 05 72 64 02 40 ][ www.slitti.it
**Echt gut!** Einer der besten Chocolatiers im sog. Chocolate Valley; Shop mit Bar ca. 5 km südöstl. von Montecatini, Mo–Sa 7–13, 15–20 Uhr, Aug. geschl.

# *Pistoia 19

Die lebhafte Stadt (90 200 Einw.) schmiegt sich zwischen die Ausläufer des Apennin und des Monte Albano. Die mittelalterliche **Via di Straccheria** (eine Abzweigung von der Via Roma) gehört mit ihren alten Läden zu den sehr typischen Gässchen der Stadt. Die pittoreske **Piazza della Sala** gewinnt durch den Markt noch mehr an Atmosphäre. **Wein und Olivenöl, Nudeln und Köstlichkeiten wie Salami** bekommt man in den Geschäften an der Piazza.

## Sehenswürdigkeiten

Pistoia geht auf eine römische Gründung zurück. Ihre Blütezeit erlebte die Stadt, nachdem sie 1115 die kommunale Autonomie erlangt hatte. Aus dieser Epoche stammen die drei romanischen Kirchen mit ihren wunderschönen Kanzeln, **\*San Bartolomeo in Pantano,** die reich dekorierte **\*\*San Giovanni Fuorcivitas** sowie **\*\*Sant'Andrea** nördlich des Domplatzes, deren Kanzel von Giovanni Pisano stammt.

Wer am Mittwoch oder Samstag den **Domplatz** betritt, übersieht vielleicht im Markttrubel das anmutige **\*Baptisterium,** 1338–59 nach Plänen von Andrea Pisano erbaut.

1108 begann man mit dem **\*\*Dom San Zeno** im romanisch-pisanischen Stil. Vor der Fassade mit ihren drei übereinander angeordneten Säulenloggien liegt die im 14. Jh. hinzugefügte Vorhalle. Ein Hauptwerk der italienischen Schmiedekunst kann man in der Sankt-Jakobs-Kapelle bewundern: es ist der reich geschmückte **\*Silberaltar**, dessen 628 Relieffiguren 1287–1456 entstanden.

Ein Bogen verbindet den Dom mit dem 1294 begonnene *Palazzo del Comune. Seine freskengeschmückten Säle beherbergen das **Museo Civico** mit Gemälden aller bedeutenden Epochen der Pistoieser Kunst bis in die Neuzeit (April–Sept. Mo, Di, Do–Sa 10 bis 18, Mi 16–19, So 11–18 Uhr, sonst Do–So 10–18 Uhr). Einen Einblick in die Architektur Italiens im 20. Jh. erhält man gratis im **Dokumentationszentrum** des in Pistoia geborenen Architekten Giovanni Michelucci (1891–1990).

Hinter dem Palazzo gelangt man zum *Ospedale del Ceppo. Im 16. Jh. erhielt die Della-Robbia-Werkstatt den Auftrag für die *Tondi* (Rundbilder) und den Majolika-Fries mit den Sieben Werken der Barmherzigkeit. Die *Chiesa del Tau überrascht mit dem komplett ausgemalten Innenraum (Mo–Sa 8.30–13.30 Uhr, gratis). Im alten Konvent nebenan wurde das dem Künstler Marino Marini (1901 bis 1980) aus Pistoia gewidmete **Museum** untergebracht (Mo–Sa April–Sept. 10–18, sonst 10–17 Uhr).

Kanzel in Sant'Andrea

Ruhiges Hotel mit 30 zweckmäßigen Zimmern im Zentrum. ●–●●

■ **Villa de' Fiori**
**Via di Bigiano e Castel Bovani 39 (3 km von Pistoia)**
**Tel. 05 73 45 03 51**
**www.villadefiori.it**
Agriturismo in einer Villa des 17. Jhs., Pool, Spielplatz, Radverleih. ●●

### Infos

**IAT Pistoia**
**Piazza Duomo (Palazzo dei Vescovi)**
**Tel. 0 57 32 16 22**
**www.turismo.pistoia.it**

### Hotels

■ **Leon Bianco**
**Via Panciatichi 2**
**Tel. 0 57 32 66 75**
**www.hotelleonbianco.it**

### Restaurants

■ **San Jacopo**
**Via Crispi 15** ][ **Tel. 0 57 32 77 86**
Toskanische Küche in familiärem Ambiente. Mo geschl. ●–●●

■ **La Botte Gaia**
**Via del Lastrone 17**
**Tel. 05 73 36 56 02**
Stets volle Trattoria beim Dom, toskanische Küche, exzellente Weine. Mo geschl. ●–●●

# ***Siena und die Terre di Siena

## Nicht verpassen!

- Das weite Rund der Piazza del Campo in Siena genießen
- In Montalcino den berühmten Brunello in der Enoteca der Fortezza kosten
- Die gregorianischen Gesänge der Mönche in der Abbazia Sant'Antimo erleben
- In San Gimignano am Abend auf der Piazza della Cisterna ein Gläschen Vernaccia trinken
- Trüffel probieren in San Miniato oder Asciano
- In Chiusi in den etruskischen Untergrund hinabsteigen

# Zur Orientierung

**Siena** und der *Campo,* wie die Einwohner die Piazza del Campo nennen, gehören zusammen wie Pisa und der Schiefe Turm. Die hohen rotbraunen Ziegelfassaden zieren nicht nur den muschelförmigen Platz, sondern verleihen der gesamten Innenstadt ihre warme Ausstrahlung. Siena ist eine Stadt der Gotik. Überall entdeckt man inmitten der Ziegelmauern die kunstvollen Erker, Stützbögen und gotischen Fensterformen. Das Mittelalter charakterisiert auch die Orte nördlich von Siena, in der **Terre di Siena**. Die strenge, etwas abseits liegende Etruskerstadt Volterra und das Trüffelzentrum San Miniato gehören administrativ zur Provinz Pisa, das liebenswürdige Certaldo zur Provinz Florenz, verbunden aber sind sie durch ihre natürliche Umgebung, ihre Ausrichtung auf das Elsa-Tal mit den Städten der Terre di Siena. San Gimignano beeindruckt den Besucher schon von Weitem mit seinen UNESCO-geschützten Geschlechtertürmen, das nahe Glaszentrum Colle di Val d'Elsa mit mächtigen Palazzi. Die wunderbare toskanische Parklandschaft, ein wenig herber und weiter, erstreckt sich im Süden Sienas, dem Val d'Orcia. Wer im Spätsommer die Crete besucht, wird von braunen, grauen, trockenen Staubnuancen überrascht,

die eine ganz eigene Faszination ausstrahlen. Die anmutigen Städtchen Asciano, Montalcino, San Quirico d'Orcia, Bagno Vignoni, Pienza, Montepulciano und Chiusi warten mit exzellenten Kunstschätzen auf, uralten Abteien, berühmten Weinen und feinen Spezialitäten. Hohe Buchenwälder spenden dem Wanderer Schatten am Wahrzeichen der südlichen Terre di Siena, dem erloschenen Vulkan Monte Amiata. Weniger Kunst, mehr Natur erwartet den Besucher in Abbadia San Salvatore, Santa Fiora oder in den warmen Quellen von Bagni San Filippo.

## Touren in der Region

### Von Siena nach San Gimignano und ins Elsa-Tal

➜ 6 ➜ **Siena › Monteriggioni › Colle di Val d'Elsa › Volterra › San Gimignano › Certaldo › San Miniato**

**Dauer:** 7 Tage; 127 km
**Praktische Hinweise:** San Gimignano gehört zu den Touristenmagneten der Toskana, darum rechtzeitig reservieren! Die Schönheit der Landschaft erlebt man auf dieser Tour besonders im Frühjahr.

Zauberhaftes Val d'Orcia

Die Tour beginnt im stolzen ***Siena ❭ S. 78, dessen ***Altstadtensemble zu den Weltkulturerbe-Denkmälern zählt. Man spaziert durch die von hohen Backsteinfassaden gesäumten Gassen, zuerst zu den gotischen Meisterwerken im ***Dom und im **Palazzo Pubblico. In *Santa Maria della Scala kann man etruskische wie auch zeitgenössische Kunst sehen. Und immer wieder kehrt man zurück auf den ***Campo. Nach zwei Tagen geht es von Siena weiter in das Dörfchen *Monteriggioni mit seinen mittelalterlichen turmbewehrten Verteidigungsmauern, das zu einem Halt auf dem Weg nach *Colle di Val d'Elsa ❭ S. 82 einlädt. Genießen Sie dort die schöne Aussicht bei einem Essen im oberen *Stadtteil. Anschließend lohnt ein Besuch des Kristallmuseums. Nach der Fahrt durch eine wunderschöne toskanische *Landschaft verbringen Sie den Abend in der Alabasterstadt **Volterra ❭ S. 86, in deren Centro Storico das Mittelalter allgegenwärtig ist. Für die *Piazza dei Priori, die Besichtigung des **Domes und die Kunst der Etrusker im **Museo Guarnacci ist am nächsten Tag Zeit. Von Volterra geht es in östlicher Richtung weiter nach ***San Gimignano ❭ S. 83, mit seiner einzigartigen Skyline. Am Abend und am frühen Morgen erleben Sie den Ort ohne Touristenstrom. Bummeln Sie von Stadttor zu Stadttor, lassen Sie sich die biblischen Geschichten von den Fresken der *Collegiata erzählen und genießen Sie am Abend auf der *Piazza della Cisterna ein Glas des erfrischenden lokalen Weißweins Vernaccia. Im zauberhaften *Certaldo ❭ S. 84 verbringen Sie den nächsten Vormittag. Nachmittags bewundern Sie die Malkunst Benozzo Gozzolis im neuen Museo BEGO (Mo, Fr 9–13, Di, Do 16–19, Sa, So 10 bis 12, 16–19 Uhr; www.museo benozzo gozzoli.it) in **Castelfiorentino,** bevor Sie am Abend die Trüffelmetropole *San Miniato ❭ S. 85 erreichen, wo der Turm Friedrichs II. eine herrliche Aussicht bis fast ans Meer bietet.

## Durch die Crete ins Chiana-Tal

> **❼ Siena ❭ Asciano ❭ Abbazia di Monte Oliveto Maggiore ❭ Montalcino ❭ Abbazia di Sant'Antimo ❭ Bagno Vignoni ❭ San Quirico d'Orcia ❭ Pienza ❭ Montepulciano ❭ Chiusi**

**Dauer:** 5 Tage (ohne Wandern oder Biken); 135 km
**Praktische Hinweise:** Die Region zählt zu den meistbesuchten in der Toskana – rechtzeitig reservieren! Vor allem im Frühjahr ist die Landschaft auf dieser Tour außerordentlich reizvoll, im Sommer flirrt die Hitze, im Herbst prägen die abgeernteten Schollen das Bild.

Die Tour führt von ***Siena ❭ S. 78 aus in die Crete, jene im Spätsommer beinahe wüstenhafte Hügellandschaft im Süden Sienas.

Die landwirtschaftlichen Produkte der Gegend findet man in dem hübschen Städtchen *Asciano ❯ S. 87, dem Hauptort der Crete. Die großartigen Fresken im Kreuzgang der nicht weit entfernten *Abbazia di Monte Oliveto Maggiore ❯ S. 88 sind ein unvergessliches Erlebnis. Zu einer Übernachtung geht es in das auf einem Hügel gelegene liebliche *Montalcino ❯ S. 89, wo Sie am folgenden Tag antike und mittelalterliche Kunst in den *Musei Civici besuchen, bevor Sie in der Enoteca der *Fortezza den exzellenten Brunello verkosten.

Blick auf Montepulciano

Von Montalcino laden Ausflüge zur *Abbazia di Sant'Antimo ❯ S. 90 ein und in den Thermalort Bagno Vignoni ❯ S. 90. mit dem *Renaissance-Wasserbecken in seinem Zentrum. Am dritten Tag fahren Sie durch die fruchtbare Landschaft des ***Val d'Orcia. In *San Quirico d'Orcia ❯ S. 90 spaziert man zur romanischen *Stiftskirche und zur Gartenanlage *Horti Leonini. Nordöstlich von San Quirico d'Orcia liegt **Pienza ❯ S. 91. Die »Idealstadt«, Weltkulturerbe der UNESCO, besitzt die vollkommenste Renaissance-Piazza der Toskana, die **Piazza Pio II. Berühmt ist Pienza auch für den Pecorino. Die harmonische Renaissance-Kirche San Biagio grüßt am nächsten Morgen bei der Anfahrt nach *Montepulciano ❯ S. 92. Lassen Sie das Auto für den Rest des Tages stehen und kosten Sie in den Kellern der Weinerzeuger den exzellenten Vino Nobile. Nach einer

weiteren Übernachtung geht es am Ende der Tour in die bedeutende Etruskerstadt *Chiusi ❯ S. 97.

## Am Monte Amiata

— ❽ — **Abbadia San Salvatore** ❯ **Santa Fiora** ❯ **Bagni San Filippo** ❯ **Radicofani** ❯ **Abbadia San Salvatore**

**Dauer:** 3 Tage (ohne Wandern); 107 km
**Praktische Hinweise:** Am Monte Amiata ziehen auch im Sommer Wolken auf – Vorsicht beim Fahren, es herrscht dann wenig Sicht! Wanderer benötigen wetterfeste Kleidung.
Im Winter liegt Schnee. Autofahrer sollten an Schneeketten denken.

Düster, dunkel und abweisend, bei tief hängenden Wolken fast ein wenig unheimlich, wirkt der *Borgo von *Abbadia San Salvatore ❯ S. 95, Ausgangspunkt für die Tour um den Monte Amiata. Von Abbadia führen schöne Wanderungen unterschiedlicher Schwierigkeitsgrade auf den Berg, aber auch eine gut ausgebaute Straße bis 200 m unter den Gipfel mit dem gewaltigen Eisenkreuz. Das reizende **Santa Fiora** > S. 96 eignet sich für eine Übernachtung. Am nächsten Tag bewundern Sie dort die *Terrakotten von Andrea Della Robbia in der romanischen Pieve, bevor Sie die mächtige *Rocca Aldobrandesca in **Arcidosso** erwartet. Ein echtes Highlight für Familien mit Kindern ist der Abstecher zum *Parco Faunistico > S. 96 am 1193 m hohen **Monte Labbro** mit traumhafter *Aussicht bis zum Meer. Kunstfans fahren hingegen direkt nach **Seggiano**, in den *Park von Daniel Spoerri > S. 94. Nach einer weiteren Übernachtung am Monte Amiata führt die Tour am nächsten Tag hinunter ins Thermalbad **Bagni San Filippo** > S. 96. Vor Sonnenuntergang sollten Sie das 814 m hoch über dem Orcia-Tal gelegene *Radicofani > S. 96 erreichen: Die **Aussicht über die Landschaft lohnt die Fahrt hinauf allemal.

# Verkehrsmittel

Will man die Reize der Terre di Siena erkunden, empfiehlt sich das eigene Auto oder ein Mietwagen. Überlandbusse fahren zwar alle Orte an (www.trainspa.it, www.cpt.pisa.it), verkehren aber tagsüber nicht sehr häufig und abends gar nicht.

**6** Von Siena nach San Gimignano und ins Elsa-Tal
**Siena > Monteriggioni > Colle di Val d'Elsa > Volterra > San Gimignano > Certaldo > San Miniato**

# Unterwegs in der Region

## **3** ***Siena**

Seine wirtschaftliche Entwicklung verdankte Siena (54 550 Einw.) der günstigen Lage an der alten Via Franciagena, der Frankenstraße. Diese wichtige Handelsstraße brachte Siena Reichtum und erlaubte die Errichtung der gotischen Bauwerke, die das Stadtbild prägen. Infolge der Pest (1348) und der Jahre des wirtschaftlichen Niedergangs verlor Siena an Bedeutung. Nach einer letzten Blüte in der Renaissance setzte Kaiser Karl V. 1555 nach monatelanger Belagerung der Selbstständigkeit des Stadtstaates ein Ende.

### ***Piazza del Campo **Ⓐ**

Ein Rundgang durch die Stadt beginnt am geschlossenen Ensemble der Piazza aus dem 13. Jh., einer der schönsten Plätze der Welt. Man setzt sich am besten in eines der Cafés oder einfach auf den Boden und lässt den Campo auf sich wirken. Der muschelförmige Platz ist der Stolz der Bewohner, hier schlägt das Herz der Stadt, nicht nur beim historischen Palio, dem Pferderennen ❯ S. 35.

Das zinnenbekrönte Rathaus, der **Palazzo Pubblico **Ⓑ**, entstand 1297–1342 und schließt den Campo auf geniale Weise ab. Der Bau weist im Obergeschoss aus Backstein die typischen Sieneser Fenster auf: Drei gotische Bogen (Triforien), eingefasst von einem

Spitzbogen – gut zu erkennen auch am **Palazzo Sansedoni **Ⓒ**.

Der Aufgang zur **Torre del Mangia,** die mit 102 m Höhe einst schon den Stolz der Sienesischen Republik verkörperte, liegt im Palazzo Pubblico, dort ist auch der Zugang zum sehr interessanten *Museo Civico (Turm: Mitte März–Okt. 10–19, sonst bis 16 Uhr; Museum: Mitte März bis Okt. 10–19, Nov.–Mitte März 10 bis 18 Uhr). In den Museen und Monumenten Sienas erhält man sehr günstige, 2, 3 bzw. 7 Tage gültige Sammeltickets in den verschiedensten Kombinationen.

## Zwischen Piazza del Campo und Dom

An der **Croce di Travaglio **Ⓓ** treffen drei belebte Flaniermeilen zusammen, die Via Banchi di Sopra, die Via Banchi di Sotto und die Via di Città. Hier findet jeden Abend der *corso* statt: Sehen und vor allem gesehen werden, lautet dabei die Devise.

Großartige Werke der Sieneser Malerei vom 12. bis zum 17. Jh., darunter viele Madonnenbildnisse mit besonderem Charme, zeigt die **Pinacoteca Nazionale **Ⓔ** im etwas südlich gelegenen Palazzo Buonsignori (Di–Sa 8.15 bis 19, sonst 9–13 Uhr).

### ***Dom **Ⓕ**

Der Grundstein zum Dom wurde Ende des 12. Jhs. gelegt; Mitte des

Für viele ist die Piazza del Campo der schönste Platz der Welt

14. Jhs. war der Bau fertiggestellt. Die reich skulptierte Fassade von Giovanni Pisano (1284 begonnen) ist die erste in Italien mit einem einheitlichen Bildprogramm. Im Inneren besticht der einzigartige Marmorfußboden: Die Arbeit an den 56 »Gemälden« dauerte über 100 Jahre, bis ins 16. Jh. (zu besichtigen ab 2. Aug.-Hälfte bis Ende Okt.).

Die von Nicola Pisano 1266–68 geschaffene achteckige **\*Marmorkanzel** ist ein Höhepunkt der mittelalterlichen Skulptur. Ein prächtiger Freskenzyklus von Pinturicchio erwartet die Besucher in einem der schönsten Renaissance-Räume überhaupt, in der **\*\*Libreria Piccolomini** (Zugang vom linken Seitenschiff). Die Kathedrale prunkt und glänzt mit herausragenden Kunstwerken (So, Fei 13.30–17.30, Mo–Sa März bis 2. Nov., Weihnachten 10.30 bis 19.30, 3. Nov.–Feb. 10.30 bis 17.30 Uhr, Eintritt).

## \*Taufkirche San Giovanni Ⓖ

Als man den Chor des Doms 1316 erweiterte, wurde zur Abstützung die Errichtung einer Unterkirche notwendig – die heutige Taufkirche San Giovanni. Das Meisterwerk Jacopo della Quercias, das **Taufbecken,** an dessen »Szenen aus dem Leben Johannes' des Täufers« Donatello und Lorenzo Ghiberti mitwirkten, lohnt allein schon den Besuch des prächtigen Baptisteriums, das zudem großartige Fresken aus dem 15. Jh. schmücken. Herrliche Fresken von 1280 sieht man gleich nebenan in der 2004 bei Ausgrabungen freigelegten \*Krypta (Tel. 05 77 28 63 00, www.operaduomo. siena.it; geöffnet wie Dombaumuseum).

## \*Dombaumuseum Ⓗ im \*Neuen Dom

Der Neue Dom (Duomo Nuovo), 1339 begonnen, war so monumental geplant, dass er den alten Dombau als Querschiff (!) in sich aufnehmen sollte. Das gigantische Projekt, in Konkurrenz zur Florentiner Kathedrale gedacht, musste aufgrund der Pestepidemie (1348) aufgegeben werden. In den drei fertiggestellten Seitenschiff-

jochen befindet sich heute das *Dombaumuseum, das einzigartige Werke der sienesischen Kunst zeigt und eine der schönsten *Aussichten auf die Stadt bereithält (März–2. Nov., Weihnachten tgl. 10.30–19, 3. Nov.–Feb. tgl. 10.30–17.30 Uhr).

Echt gu

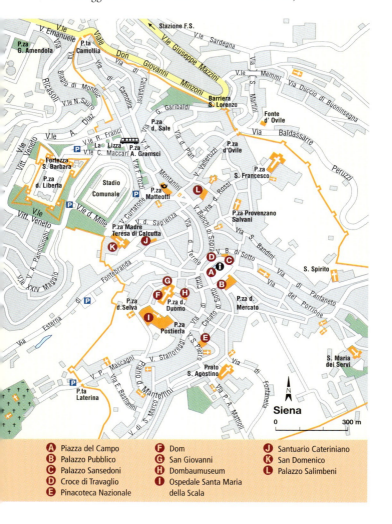

- **A** Piazza del Campo
- **B** Palazzo Pubblico
- **C** Palazzo Sansedoni
- **D** Croce di Travaglio
- **E** Pinacoteca Nazionale
- **F** Dom
- **G** San Giovanni
- **H** Dombaumuseum
- **I** Ospedale Santa Maria della Scala
- **J** Santuario Cateriniano
- **K** San Domenico
- **L** Palazzo Salimbeni

## *Ospedale Santa Maria della Scala ❶

Der Bau gegenüber dem Dom diente im Mittelalter als Pilgerhospiz, bis in die 70er Jahre des 20. Jhs. als Krankenhaus. Die freskengeschmückten Säle nehmen heute die Sammlungen des **Museo Archeologico Nazionale** auf sowie Ausstellungen zeitgenössischer Kunst des **SMS Contemporanea** (Mitte März–Mitte Okt. tgl. 10.30–18.30, sonst 10.30 bis 16.30 Uhr; www.santamariadella scala.com).

## *Santuario Cateriniano ❶ und *San Domenico ❷

Der hl. Katharina von Siena ist das *Santuario Cateriniano (tgl. 10.30–12.30, 15.30–18 Uhr, gratis) gewidmet. Es entstand um das Wohnhaus der Caterina Benincasa (1347–1380), die 1939 zur Schutzpatronin Italiens erhoben wurde. In der nach ihr benannten Kapelle in *San Domenico ruht ihr Schädel in einem Reliquienbehälter. Die Kapelle ist ausgemalt mit Fresken von Giovanni Antonio Bazzi, genannt il Sodoma.

## Piazza Salimbeni ❶

Zu den harmonischsten Plätzen der Stadt zählt diese Piazza mit ihren imposanten Palästen. Der **Palazzo Salimbeni** in der Mitte ist Sitz des Monte dei Paschi, des ältesten Bankhauses der Welt (1472 gegr.). In der hier beginnenden Via Banchi di Sopra lockt  eine Sieneser Institution: das Caffè Alessandro Nannini.

■ **Infobüro Terre Siene**
**Piazza del Campo 56**
**Tel. 05 77 28 05 51**
**www.terresiena.it**
Organisiert Weintouren, gute Führer (auch Dt.) zu Wandern, Biken und Reiten (Mo–So 9–19 Uhr).
■ **Im Bahnhof**
**Tel. 05 77 27 06 00**
Im Winter nur 9.30–12.30 Uhr
■ **Hotelreservierung:**
**Siena Hotels Promotion**
**Piazza Madre Teresa di Calcutta (Ex San Domenico) 5**
**Tel. 05 77 28 80 84**
**www.hotelsiena.com**
Mo–Sa 9–18 Uhr, Sommer bis 19 Uhr, organisiert auch Nordic Walking in den Terre di Siena (**www.comune.siena.it**)

**Hotels**

■ **Hotel Certosa di Maggiano**
**Strada di Certosa 82**
**Tel. 05 77 28 81 80**
**www.certosadimaggiano.com**
Luxus im Kartäuserkloster von 1314. Mit Park. ●●●
■ **Chiusarelli**
**Viale Curtatone 15**
**Tel. 05 77 28 05 62**
**www.chiusarelli.com**
Im Stadtkern in einer klassizistischen Villa, Frühstücksbuffet in lichtdurchfluteter Veranda. ●●

**Restaurants**

■ **Osteria Le Logge**
**Via del Porrione 33**
**Tel. 0 57 74 80 13**
Sieneser Küche vom Allerfeinsten, erlesene Weine. So geschl. ●●●
■ **La Compagnia dei Vinattieri**
**Via delle Terme** ][ **Tel. 05 77 23 65 68**

Stilvolle Weinbar mit Salami- und Käsespezialitäten, aber auch warmen Gerichten. Kein Ruhetag. ●●

■ **Papei**
**Piazza del Mercato 6**
**Tel. 05 77 28 08 94**
Typische Trattoria mit guter Hausmannskost. Kein Ruhetag. ●

■ In der Antica Drogheria Manganelli, Via di Città 73, erhält man seit 1879 *Panforte*, ein Gebäck mit Mandeln, Früchten und Gewürzen.

■ Die Enoteca Italiana in der Fortezza Santa Barbara führt Spitzenweine aus ganz Italien (www.enoteca-italiana.it; Mo–Sa 12 bis 1 Uhr).

### Aktivitäten

**Giro delle Terre di Siena:** 390 km mit dem Fahrrad durch die Provinz Siena; Infos: **Terre Siena ›** S. 81, **www.terresiena.it**; zu einzelnen Gegenden der Provinz sehr gute Tourenbeschreibungen (Ital./Engl.): **http://inbici.terresiena.it**

## Ausflug nach *San Galgano ❷

Über eine schöne, aber kurvenreiche Straße erreicht man 33 km südwestlich von Siena das einsam im Grünen stehende, einst mächtigste Kloster der Gegend. Heute ragen gotische Strebepfeiler gen Himmel, eine Wiese bildet den Fußboden – sehr atmosphärisch, ruhig und still. Die sommerlichen Opernaufführungen von Mitte Juli bis Anfang August

üben eine ganz eigene Faszination aus (Information und Reservierung: Tel. 05 55 97 83 08/09, www.sangalgano.org oder www.festival opera.it).

## *Colle di Val d'Elsa ❸

Anmutig mittelalterlich präsentiert sich diese Burgstadt (21 600 Einw.). Der Reichtum der Bürger erlaubte den Bau vieler Paläste. Seit etruskischer Zeit wurden die Mineralvorkommen der Gegend ausgebeutet, im Mittelalter kamen Woll- und Seidenindustrie sowie Papierherstellung hinzu.

1478 entstand hier eines der ersten Buchdruckzentren Italiens. Auch die Glasindustrie ist hier im »Böhmen Italiens« heimisch, wo 94 % der italienischen Produktion entstehen.

Das **Museo del Cristallo** (Via dei Fossi, Mai–Sept. Di–So 10.30 bis 12.30, 16.30–19.30, Okt.–April Di–Fr 15.30–17.30, Sa, So, Fei 10.30–12.30, 15.30–18.30 Uhr; Sammelticket mit weiteren Museen; www.cristallo.org) zeigt herrliche Stücke.

Heute liegt das industrielle Colle in der Unterstadt, der *obere Stadtteil konnte seinen schönen, mittelalterlichen Charakter bewahren.

### Infos

**Pro Loco**
**Via F. Campana 43**
**Tel. 05 77 92 27 91**
**www.terresiena.it**

Karte
Seite 76

Piazza della Cisterna

**La Vecchia Cartiera**
**Via Oberdan 5** ][ **Tel. 05 77 92 11 07**
**www.lavecchiacartiera.it**
Schlicht-modernes Hotel, in einer ehemaligen Papierfabrik aus dem 13. Jh.,
mit Restaurant. ●●

**Dietro le Quinte**
**Vicolo della Misericordia 14**
**Tel. 05 77 92 04 58**
Toskana-Küche mit frischen Kräutern,
hausgemachten Nudeln, **große Panora-**
**materrasse mit Blick auf die Stadt-**
**mauern.** Im Winter Do Ruhetag. ●●

Adressen von Glasherstellern und
ihren Geschäften finden Sie unter
www.cristallo.org (**Le Aziende** bzw.
**The Companies**).

**Sentierelsa:** 2 km langer schöner Spaziergang entlang des Flusses Elsa von
Gracciano (4 km südlich von Colle) bis
San Giorgio.

# 4 ***San Gimignano 4

In der Hügellandschaft wirken die
13 erhaltenen der einst 72 mittelalterlichen Geschlechtertürme von
San Gimignano von Weitem wie
Wolkenkratzer. Den Ort durchquerte einst die Frankenstraße,
ihr Bedeutungsverlust führte im
14. Jh. zur wirtschaftlichen Krise.
Geld für Neubauten fehlte, die
Häuser aus dem 11. und 12. Jh.
wurden kaum mehr verändert.

Heute schlägt das Herz des Orts
auf der schönen ***Piazza della
Cisterna**. Gleich hinter der Piazza
wartet mit dem **Domplatz** ein
weiteres Glanzstück San Gimignanos. An der Frontseite des
1288 fertiggestellten ***Palazzo del
Popolo** öffnet sich eine der ältesten Loggien der Toskana. Der Palazzo beherbergt die **Musei Civici**
mit sienesischer Kunst des 13.
und 14. Jhs. (April–Anf. Okt. 10
bis 19, Nov.–März 11–16.30 Uhr,
**Sammeleintrittskarten für alle
städtische Museen;** www.san
gimignano.com/musei.htm). Der
Aufstieg auf den Palastturm
(54 m), die **Torre Grossa,** lohnt
sich wegen des grandiosen Panoramas, das man auch von der
Burg, der **Rocca** (14. Jh.), aus genießt (gratis).

Einmalig in der romanischen
***Collegiata Santa Maria Assunta** sind die »Bibeln des Volkes«,
fast vollständig erhaltene Fresken
von Sieneser Malern des 14. Jhs.
(April–Okt. Mo–Fr 10–19, Sa 10
bis 17, So, Fei 12.30–19, 1. bis

15. Nov., Dez.–15. Jan., Feb., März
Mo–Sa 10–16.30, So, Fei 12.30 bis
16.30 Uhr).

Vom Domplatz schlendert man
nördlich durch die Via S. Matteo
zur gotischen Bettelordenskirche
**Sant'Agostino.** Die Hauptchorkapelle überrascht mit 17 Fresken
von Benozzo Gozzoli zum Leben
des hl. Augustinus (gratis).

Falls Sie noch Lust auf ein bisschen Gruseln haben: In San Gimignano gibt es gleich zwei Fol-
termuseen, das **Museo degli
strumenti di tortura** und das
**Museo della Tortura e della
Stregoneria** (beide im Winter Sa,
So, im Sommer tgl., Tel. 05 77
94 22 43 bzw. 05 77 94 05 26).

## *Certaldo 5

Certaldo (16 350 Einw.) ist die
Heimatstadt von Giovanni Boccaccio, der mit dem »Decamero-
ne« eines der Hauptwerke der italienischen Literatur schuf. An der
Via Boccaccio des hoch über dem
Tal gelegenen Stadtteils **Certaldo Alto** reihen sich alle Sehenswürdigkeiten des Ortes: das **Haus
Boccaccios,** die außen schlichte,
romanische Kirche **San Jacopo e
Filippo** mit dem netten **Museo di
Arte Sacra** und der schöne *Palazzo Pretorio** (alle: April–Okt.
tgl. 9.30–13.30, 14.30–19 Uhr,
Nov.–März bis 16.30 Uhr, Di geschl., Sammelticket 6 €).

Eine wohlschmeckende toskanische Brotzeit kann man in der
**Enoteca Boccaccio** (Nr. 37) genießen.

Innenansicht der historischen Casa del Boccaccio in Certaldo

## Restaurant

**Osteria del Vicario**

**Via Rivellino 3 ][ Tel. 05 71 66 86 76**
Einmalige Atmosphäre in einem mittelalterlichen Kloster und exklusive Küche. So Abend, Mo geschl. ●●●

# *San Miniato 6

Das Wahrzeichen der Kleinstadt (28 250 Einw.) San Miniato ist der **Turm Kaiser Friedrichs II.,** der letzte Überrest der Kaiserburg (13. Jh.). mit traumhaftem *Panoramablick über das Arno-Tal (April–Okt. Di–So 11–18, Nov. bis März Di–So 11–17 Uhr).

Unterhalb, am Domplatz, liegt der **Palazzo dei Vicari Imperiali** (12. Jh.), ihm gegenüber die romanische Fassade des **Doms**. **Sehr günstiges Sammelticket** (mit Turm) für die Museen und Sehenswürdigkeiten der Stadt (alle Mo geschl.).

## Infos

**San Miniato Promozione**
**Piazza del Popolo 1 ][ Tel. 0 57 14 27 45**

www.sanminiatopromozione.it
Das Infobüro hat eine gute Wanderkarte für die Umgebung.

## Hotel

**Villa Sonnino**
**Via Castelvecchio 9/11**
**Ortsteil Catena ][ Tel. 05 71 48 40 33**
www.villasonnino.com
Ruhiges Hotel in einer Villa des 16. Jhs., Zimmer mit allem Komfort, auch Restaurant. ●●–●●●

## Restaurant

**Il Convio San Maiano**
**Via San Maiano 2 ][ Tel. 05 71 40 81 14**
In einem Bauernhaus des 19. Jhs.; feine toskanische Küche, eigenes Olivenöl, in der Saison Trüffel. Mi geschl. ●●

## Shopping

Am ersten So im Monat (außer Juli/Aug.) **Antiquitätenmarkt, am zweiten Kunsthandwerksmarkt** (außer Juli/Aug.), am dritten **Bauernmarkt**.

## Event

**Novembre Sanminiatese:** Musik, Kultur und **Trüffelessen,** an den

Volterra präsentiert ein reizvolles mittelalterliches Stadtbild

letzten drei Wochenenden findet der Weiße-Trüffel-Markt statt.

## **Volterra** 7

Die Landschaft entlang der Straße hinauf nach Volterra (11 100 Einw.) bezaubert durch ihre oft herbe Schönheit, die auf die Stadt einstimmt. Weithin sichtbar dominiert der Hügel die Flusstäler der Cecina und der Era.

Die strategische Lage wählten die Etrusker für eine wichtige Stadt, Velathri, die zum Bündnis von zwölf Städten in Etrurien gehörte. Ende des 12. Jhs. freie Kommune, geriet Volterra 1361 unter florentinische Herrschaft.

Die Kunst der Alabasterverarbeitung von den Etruskern bis heute lernt man im **Ecomuseo dell'Alabastro** kennen (Via de' Sarti, neben der Pinakothek) (Mitte März–Anf. Nov. 11–17, sonst Sa, So 9–13.30 Uhr, auch Familienticket).

### *Piazza dei Priori

Die Piazza besticht durch ihren herben Charakter, der heute noch typisch für viele Straßenzüge Volterras ist. Der namengebende **Palazzo** ist der älteste erhaltene Kommunalpalast der Toskana (Bauzeit 1208–54) und diente als Vorbild für den *Palazzo Vecchio in Florenz ❯ S. 50. Sehenswert sind das Vestibül sowie die Prunkräume (März–Okt. tgl. 10.30 bis 17.30 Uhr, sonst Sa, So 9 bis 17 Uhr).

### **Dom

Von der Piazza dei Priori ist es nicht weit zum romanischen Dom Santa Maria Assunta aus dem frühen 12. Jh. Das dreischiffige Innere erhielt im 16. Jh. eine prächtige Kassettendecke. Ein Meisterwerk romanischer Holzbildhauerkunst ist im rechten Querschiff die »Kreuzabnahme« (13. Jh.). Die Reliefs der Kanzel sowie die Terrakotta-Gruppen aus der Werkstatt Andrea della Robbias in der **Cappella dell'Addolorata** mit dem Fresko »Anbetung der Könige« von Benozzo Gozzoli lohnen einen zweiten Blick.

## **Museo Etrusci Guarnacci

Über 600 Graburnen kann man hier bewundern (Mitte März–Anf. Nov. 9–19, sonst 8.30–13.30 Uhr; dt. Begleittexte). Sie geben einen einmaligen Einblick in die Kunst der Etrusker. Die berühmte »Urna degli sposi« (Urne des Ehepaars) zeigt, zu welchem Realismus etruskische Künstler in späterer Zeit fanden. Nicht minder berühmt ist die 60 cm hohe, bronzene Votivstatuette mit dem Namen *ombra della sera* (Abendschatten). Die Eintrittskarte für das Museum gilt auch für die **Pinakothek** im Palazzo Minucci Solaini (geöffnet wie Museo Etrusci) und das **Museo di Arte Sacra** (Mitte März bis Anf. Nov. 9–13, 15–18, Winter 9–13 Uhr, auch Familienticket).

Durch die **Porta San Francesco** gelangt man zu den *Balze, den spektakulären Felsabbrüchen des tonhaltigen Gesteins durch die jahrhundertelange Erosion.

### Infos

**Ufficio Turistico**
Piazza dei Priori 20 ][ Tel. 0 58 88 72 57
www.volterratur.it
www.provolterra.it

### Hotel

**Albergo Etruria**
Via Matteotti 32 ][ Tel. 0 58 88 73 77
www.albergoetruria.it

Familiäre Atmosphäre in einem Hotel mit Etrusker-Relikten, üppiges Frühstücksbuffet, hübscher Garten. ●—●●

### Restaurant

**Etruria**
Piazza dei Priori 6/8
Tel. 0 58 88 60 64
Wildspezialitäten in einem gepflegten Ambiente des 19. Jhs.
Do im Winter geschl. ●●

### Shopping

Zu den **Alabasterwerkstätten** und anderen traditionellen Handwerksbetrieben: **Arte in Bottega,**
Via dei Sarti 15, Tel. 0 58 88 61 84,
www.arteinbottegavolterra.it
(Website mit Adressen der Handwerker).

### Events

**Astiludio** (Fahnenschwinger zeigen ihre Kunst Anf. Sept.).
**Volterra Jazz** (1. Augusthälfte)

## *Asciano

Der größte Ort der Crete mit 7300 Einw. beherrscht das Umland von einem Hügel über dem Ombrone-Tal. Wer die Hauptstraße Corso Matteotti entlangspaziert, sieht sich von mittelalterlicher Bausubstanz umgeben. Dass schon die Etrusker die exponierte Lage zu schätzen wussten, beweisen die Grabbeigaben im **Museo Civico Archeologico,** das 2002 mit dem **Museo d'Arte Sacra** im Palazzo Corboli am Corso Matteotti 114 neu eröffnet wurde (Mo sowie 13–15 Uhr geschl., im Winter Mo–Do geschl.).

## Hotel

**Borgo Casa Bianca**
**Ortsteil Casa Bianca**
**Tel. 05 77 70 43 62**
**www.casabianca.it**
Alte Villa mit umliegenden Land-
häusern, rustikal-elegante Zimmer und
Apartments mit allem Komfort, Pool,
Wellness-Center, Restaurant. ●●●

## Restaurant

**La Mencia**
**Corso Matteotti 85**
**Tel. 05 77 71 82 27**
In einer alten Ölmühle im Zentrum, mit
hübschem Garten, toskanische Küche,
abends Pizza. Mo geschl. ●—●●

## Shopping

**Mercatino delle Crete:** Jeden 2. So im
Monat von 10–20 Uhr im Stadtzent-
rum, Bioprodukte, Kunsthandwerk und
Kulinarisches

## Events

■ **Festival delle Crete Senesi** im
August: Musik und Theater in Asciano,
u.a. Gemeinden des Arbia-Tals; Infos:
**www.terresiena.it**

■ **Settembre Ascianese:** Reichhalti-
ges Kulturprogramm; **Mercatino della
Scialenga** am 2. So des Monats.

# Ausflug nach *Monte Oliveto Maggiore ◨9◧

Von Asciano fährt man auf einer
landschaftlich wunderschönen
Strecke 8 km zur Abtei Monte
Oliveto Maggiore. Sieneser Adeli-
ge gründeten auf dem waldreichen Hügel ein **Benediktiner-
kloster,** das mit seinen herrlichen
***Fresken** einen der schönsten
Kreuzgänge der Toskana beherbergt (Sommer tgl. 9.15–12, 15.15
bis 18, sonst bis 17 Uhr, gratis;
www.monteolivetomaggiore.it).
In dem Verkaufsraum hinter der
Kirche gibt es den ausgezeichne-
ten Klosterlikör.

## Restaurant

**La Locanda del Castello**
**Piazza V. Emanuele II 4**
**53020 San Giovanni d'Asso**

Wie verzaubert: Monte Oliveto Maggiore

(8 km von Monte Oliveto Maggiore)
Tel. 05 77 80 29 39
In der Trüffelstadt San Giovanni kostet man natürlich die lokale Spezialität. Mi, außer im Hochsommer, geschl. ●●

# ***Val d'Orcia

Weite Hügel kennzeichnen die in der Renaissance ausgeformte Kulturlandschaft des Orcia-Tals (www.valdorcia.com).

## *Montalcino 🔟

Das Panorama vom Wehrgang der *Rocca sollte man vor dem Besuch der Enothek der Festung genießen! Dort gibt es deftige Brotzeiten zum **exzellenten Brunello-Wein,** den man auch kaufen kann (tgl. Sommerzeit 9–20 Uhr, sonst 9–18 Uhr).

Die Via Ricasoli bringt Sie zu den *Musei Civici im ehemaligen Konvent Sant'Agostino (Di–So 10 bis 13, 14–17.30 Uhr). Ein Spaziergang führt durch die mittelalterlichen Straßen zur zentralen **Piazza del Popolo,** wo der wappengeschmückte **Palazzo Comunale** (14. Jh.) steht. Das **Flair des frühen 20. Jhs. erlebt man im Caffè Fiaschetteria.** An der Piazza Cavour informiert die **Winzervereinigung** über die *Fattorie* und ihre Weine (Mo–Do 9–13.30, 14.30–18, Fr bis 17 Uhr; www.consorziobrunellodimontalcino.it).

### Infos

**Ufficio del Turismo**
Costa del Municipio 1
Tel. 05 77 84 93 31
www.prolocomontalcino.it

### Hotel

**Il Giglio**
Via Soccorso Saloni 5
Tel./Fax 05 77 84 81 67
www.gigliohotel.com
Historisches, einladendes Haus mit zwölf Zimmern in rustikal-toskanischem Stil, herrlicher Aussicht. Die Signora des Familienbetriebs kocht im hauseigenen Restaurant. ●●

### Spitzenweine einkaufen

■ Die **Enoteca Italiana** in der **Fortezza in Siena** führt über 1000 Weine aus ganz Italien und alle erstklassigen Tropfen der Toskana. ❯ S. 82
■ In der **Enothek in der Burg von Montalcino** probieren Sie den exzellenten Brunello di Montalcino und werden gut beraten. ❯ S. 89
■ Eine breite Auswahl der besten Chianti bietet die **Enoteca del Gallo Nero in Greve in Chianti.** ❯ S. 61
■ In **Montepulciano** ❯ S. 92 verkostet (und ersteht) man einen der besten Rotweine Italiens, den Vino Nobile di Montepulciano, in der **Enothek des Erzeugerverbandes** im Palazzo del Capitano an der Piazza Grande, Mo–Fr 12–18 Uhr, Sa ab 14 Uhr, im Winter geschl.
■ Den leichten **Vernaccia von Guicciardini-Strozzi** bekommen Sie in der Verkaufsstelle der Kellerei an der Piazza Sant'Agostino in **San Gimignano** ❯ S. 83 besonders günstig.
■ Die edlen Supertuscans der **Marchesi Incisa della Rocchetta** genießen und kaufen Sie in der **Enoteca** des Gutes im Ortsteil San Guido bei Bolgheri ❯ S. 119.

## Restaurant

**San Giorgio**
**Via S. Saloni** ][ **Tel. 05 77 84 85 07**
Klassische toskanische Küche, abends
Pizza. ●

## Events

 ■ **Jazz & Wine:** mittlerweile **ein Klassiker für Jazz- und Brunellofans**
Mitte Juli, die meisten Konzerte sind in
der Rocca von Montalcino.
■ **Festival Internazionale di Musica
da Camera:** Mitte Juli; Infos und
Tickets für beide Events: **Proloco,**
www.prolocomontalcino.it

## Ausflug zur *Abbazia di Sant'Antimo ⑪

Von Montalcino fährt man südlich in Richtung Castelnuovo
dell'Abate zum einzigartigen Kloster *Sant'Antimo mit einem der
bedeutendsten romanischen Kirchenbauten Italiens. Einsam,
mächtig und stolz liegt die Abtei
zwischen Olivenhainen und Gins-
terbüschen, wo sie der Legende
nach Karl der Große gegründet
haben soll. An der Kirche (12. Jh.)
funkeln bei Sonnenlicht die
Onyxsteine der Dekoration, der
goldgelbe Travertin erhellt den
Raum (Mo–Sa 10.15–12.30, 15 bis
18.30, So, Fei 9.15–10.45, 15 bis
18 Uhr). Tgl. Messen mit gregorianischen Gesängen (❯ S. 24, Infos:
www.antimo.it).

## *San Quirico d'Orcia ⑫

Das hübsche Städtchen besticht
durch seine romanische *Collegiata mit reichem Skulpturen-
schmuck an den Portalen und
Fenstern. Im Inneren wartet ein

Meisterwerk: das Chorgestühl mit
Einlegearbeiten (um 1500). Durch
den mittelalterlichen Ortskern
spaziert man bis zum Hauptplatz,
der **Piazza della Libertà,** und
weiter zu den italienischen Gar-
tenanlagen der *Horti Leonini
aus dem 16. Jh.

## Restaurant

**Angolo del Vino**
**Via Dante Alighieri 37A**
**Tel. 05 77 89 75 02**
Nettes Café und Enothek; Weine aus
dem Orcia-Tal, auch Bio-Käse, Salami,
Schinken. Mo geschl. ●

## Aktivitäten

■ **Anello Val d'Orcia:** 3-stündige
Wanderung rund um Castiglione
d'Orcia, mitten in UNESCO-geschützter,
wunderschöner Landschaft; Infos:
www.terresiena.it (Amiata).
■ Eine 2-stündige, landschaftlich reizvolle, nicht zu anstrengende Rundwanderung startet in **Vivo d'Orcia;**
www.prolocovivo.org (Tempo libero).

## Event

**Festival della Val d'Orcia:** In der
ersten Augusthälfte Theater, Klassik,
Jazz und Pop in den Gemeinden des
Parco Val d'Orcia; Infos:
www.parcodellavaldorcia.com

## Bagno Vignoni ⑬

Das schwefelhaltige Wasser des
Thermalortes nutzten schon die
Römer. Im Zentrum der mittelalterlichen Piazza in dem kleinen,
sehr belebten Kurort dominiert
das *Wasserbecken: 47 °C war-
mes Wasser sprudelt in das stei-
nerne Bassin. Rundherum stehen

mittelalterliche Häuser, dazu eine niedrige Renaissance-Loggia.

## Hotel

**Hotel Posta Marcucci**
**Tel. 05 77 88 71 12**
**www.hotelpostamarcucci.it**
Modernes Haus mit herrlicher Aussicht. Die Thermalangebote können alle nutzen (Bäder an Sommerwochenenden bis Mitternacht geöffnet). ●●–●●●

## Restaurant

**Osteria del Leone**
**Via d. Mulini 3 ][ Tel. 05 77 88 73 00**
Die Küche des Val d'Orcia in rustikal-elegantem Ambiente. Das Lokal ist kein Geheimtipp und darum oft sehr voll. Reservieren! Mo geschl. ●●●

## Aktivitäten

**Anello di Bagni Vignoni:** Leichter, 10 km langer Rundwanderweg hinauf nach Vignoni Alta und zurück über Castello della Ripa, **www.portaleval dorcia.it** (paesaggio u. fruire il territorio) sowie **http://trenonatura.terre siena.it** (Amiata für Anello Val d'Orcia)

## **Pienza** 14

Pienza liegt malerisch auf einem Hügel über dem Val d'Orcia. In seinem Geburtsort verwirklichte Papst Pius II. mit seinem Architekten Bernardo Rossellino die Renaissance-Ideale. Zwar konnte durch den Tod der beiden 1464 das Projekt nicht mehr auf die ganze Stadt ausgedehnt werden, doch die **Piazza Pio II** dokumentiert dessen Großartigkeit.

Die Fassade der *Kathedrale,** des *Palazzo Piccolomini,** des **Bischofspalastes** und des **Palazzo Comunale** bilden eines der einheitlichsten und elegantesten Renaissance-Ensembles Italiens. Außen einem antiken Tempel nachempfunden (oben mit dem Wappen Pius' II.), innen wie eine Hallenkirche – verdichten sich in der *Kathedrale humanistisches Bildungsideal und die Bewunderung der Kirchen nördlich der Alpen, die Pius II. auf seinen Reisen kennengelernt hatte.

Reminiszenz an nordalpine Hallenkirchen: die Kathedrale von Pienza

Rund um Pienza sieht man immer wieder Schafherden: Nicht umsonst gilt der *Pecorino* des Ortes als bester der Toskana. Bei der **Echt gut!** **Fiera del Cacio im September wird er gebührend gewürdigt.**

### Infos

**Ufficio Informazioni Turistiche**
Piazza Dante Alighieri 18
Tel. 05 78 74 90 71
www.ufficioturisticodipienza.it
www.pienza.info

### Hotel

**Hotel Corsignano**
Via della Madonnina 11
Tel. 05 78 74 85 01
www.hotelcorsignano.it
Familiäre Atmosphäre in Altstadtnähe, mit 40 Zimmern; gutes Restaurant. ●●

### Restaurant

**Buca delle Fate**
Corso Rossellino 38a
Tel. 05 78 74 84 48
Einfache Küche der Region, wie Pici (lokale Nudelsorte) mit Ragù, im Palazzo Gonzaga (16. Jh.). Mo geschl. ●—●●

## *Montepulciano 15

Majestätisch grüßt bei der Anfahrt nach Montepulciano (14 500 Einw.) die Renaissance-Kirche **San Biagio** von Antonio da Sangallo d.Ä. am Ende einer Zypressenallee. In der »Perle des 16. Jhs.« warten Renaissance-Paläste und viel Wein auf die Besucher. *Degustazione libera* (freies Kosten) lautet die Zauberformel des Ortes. Der berühmte Vino Nobile di Montepulciano mit seinem herbfeinen Geschmack gilt vielen als König der italienischen Rotweine (www.stradavinonobile.it). Beim Besuch des schönsten Weinkellers, der »**Cantina del Redi**«, **wandert man durch die unterirdischen Gemäuer** aus dem 15. Jh. Und der Wein erst, das Olivenöl und die Grappa … (www.cantinadelredi.com).

**Echt gu** (margin)

Den Mittelpunkt des großteils mittelalterlichen Städtchens bildet die **Piazza Grande**. Der **Palazzo Comunale** erinnert an den *Palazzo Vecchio in Florenz › S. 50: Die Arno-Stadt beherrschte Montepulciano seit Ende des 14. Jhs. Im **Dom** bewundert man das gotische Triptychon von Taddeo di Bartolo.

### Infos

**Pro Loco**
Piazza Don Minzoni 1
Tel. 05 78 75 73 41
www.prolocomontepulciano.it
Karten für Radtouren um Montepulciano, auch Fahrradverleih.

### Hotel

**Hotel Il Borghetto**
Via Borgo Buio 7
Tel. 05 78 75 75 35
www.ilborghetto.it
Freundlicher Familienbetrieb in alten Burgmauern mit individuell eingerichteten Zimmern. ●●

### Restaurants

■ **Diva e Maceo**
Via di Gracciano nel Corso 90/92
Tel. 05 78 71 69 51
Einfache regionale Küche mit *Pici* (eine Art dickere Spaghetti) und Lammgerichten. Di geschl. ●●

# Kunst und Natur im Dialog

Zeitgenössische Künstler und Sammler suchen mit ihren Werken mehr und mehr den Dialog mit der reizvollen Landschaft, die sie umgibt. Künstlergärten, mal poppig und bunt, mal einfühlsam und poetisch, bezaubern den Besucher mit unvergesslichen Impressionen. Kunstgenuss unter freiem Himmel im Park!

## Parco di Villa di Celle

Nur 5 km östlich von Pistoia (Karte ❯ S. 45) präsentiert der ausgedehnte Landschaftspark der Villa des Privatsammlers Giuliano Gori über 60 Installationen und Skulpturen von zeitgenössischen Künstler aus vielen unterschiedlichen Ländern.

### Parco di Villa di Celle
Via Montalese 7
51030 Santomato di Pistoia
Tel. 05 73 47 99 07 ][ goricoll@tin.it

(Mai, Juni, Juli und Sept. nur an Wochentagen und nach wochenlanger vorheriger Anmeldung, gratis (Infos: **www.goricoll.it**)

## Giardino dei Tarocchi

Schon von Weitem grüßen die begehbaren, in Handarbeit mit bunt schillerndem Mosaik überzogenen Riesenskulpturen aus Gips und Beton von Niki de Saint Phalle. Die 22 Tarot-Skulpturen symbolisieren die Stationen des Lebensweges eines Menschen. Ein Erlebnis v.a. für die kleinen Gäste ist das Erkunden der alles beherrschenden Sphinx.

### Giardino di Tarocchi
58011 Capalbio (Ortsteil Garavicchio; ab Grosseto die E 80 südwärts fahren, die Ausfahrt Pescia Fiorentina ist ausgeschildert ❯ Karte S. 103)
Tel. 05 64 89 51 22
www.nikidesaintphalle.com

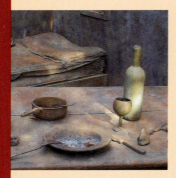

April–Mitte Okt. tgl. 14.30–19.30 Uhr,
im Winter nach Voranmeldung nur für
Gruppen geöffnet, Besuche außerhalb
der Öffnungszeiten nach Absprache;
Kinder unter 7 Jahren Eintritt gratis,
Ermäßigung für Studenten und Senio-
ren über 65 Jahre; jeden 1. Sa Jan. bis
März, Nov., Dez. 9–13 Uhr gratis.
■ Im gemütlichen **Restaurant**
**»Il Tortello«,** nahe beim Giardino in
Pescia Fiorentina, genießt man und
günstig lokale Spezialitäten
(**Tel.** 05 64 89 51 33, Mi geschl.
●—●●).

## Daniel Spoerri and friends

Poetisch fügen sich die mehr als
60 Skulpturen und Installationen
von Daniel Spoerri und vielen
befreundeten Künstlern in die
Landschaft des Amiata (ca. 30 km
südlich von Montalcino, Karte
❯ S. 103).

Im angeschlossenen Restaurant
»**Non solo Eat Art**« wird sogar
die leibliche Stärkung zum
(Kunst-)Genuss. Manchmal leis-
tet der Künstler, der auf dem
Anwesen lebt und arbeitet, den
Gästen Gesellschaft.

■ **Giardino di Daniel Spoerri**
**58038 Seggiano**
**Tel. 05 64 95 08 05**
**www.danielspoerri.org**
(dt.; gute Anfahrtsbeschreibung)
Ostern–Juni tgl. außer Mo 11–20 Uhr,
Juli–Mitte Sept. tgl. 11–20 Uhr, Mitte
Sept.–Okt. tgl. außer Mo 11–19 Uhr
(nach Einbruch der Dunkelheit geschl.),
Nov.–März nach Anmeldung; Eintritt
10 €, unter 8 J. gratis, Studenten 8 €.
■ **Restaurant:** Abendessen nach
Voranmeldung, Mittagessen und Brotzeiten gibt's immer. Auch Apartments
im Garten (●).

## Weitere Kunstparks

Nur 14 km nordöstlich von Siena
entstand aus Privatinitiative des
Ehepaars Giadrossi der reizvolle
Skulpturenpark in Pievasciata, für
den zeitgenössische Künstler aus
aller Welt Skulpturen schufen, die
in einem Eichenwald ihren Platz
haben.
**Parco Sculture del Chianti**
**53010 Pievasciata (Siena)**
**Tel. 05 77 35 71 51**
**www.chiantisculpturepark.it**
April–Okt. tgl. 10 Uhr bis zur Dämmerung, Nov.–März auf Anfrage, Eintritt.

Gratis wandert man in der Hügellandschaft bei Carmignano am
Monte Albano durch den immer
geöffneten Skulpturenpark in
Seano, vorbei an den Schöpfun-
gen des hier geborenen Bildhau-
ers Quinto Martini (1908–1990).
**Parco Museo »Quinto Martini«**
**Via Pistoiese**
**59011 Seano**
**Tel. 05 58 75 02 31**
**www.comune.carmignano.po.it**

■ **Antico Caffè Poliziano**
**Via di Voltaia nel Corso 25**
**Tel. 05 78 75 86 15**
Das stuckverzierte Lokal ist ideal für den Nachmittagstee, tgl. 7–24 Uhr; Restaurant mit raffinierter toskanischer Küche. So geschl. ●—●●

## Shopping

**Antiquitäten- und Kunsthandwerksmarkt** am 2. Sa/So im Monat (Mai bis Sept.) auf der Piazza Grande.

## Event

**Bravio delle Botti:** In der Woche mit dem letzten So im August wird gefeiert und am So um 16 Uhr findet der Wettkampf im Fässerrollen statt.

# Am Monte Amiata

Dieser riesige erloschene Vulkan (1738 m) erhebt sich unvermittelt inmitten des weiten Hügellandes. Die Vegetationszonen reichen von Getreidefeldern, Weinreben und Olivenhainen über Kastanienwälder bis hinauf zu Buchenhainen. Eine gut ausgebaute Straße führt zum Gipfel, im Winter ein beliebtes Skigebiet. Am schönsten ist der Amiata im Herbst, wenn der Berg farbenprächtig glänzt.

Die markierten Wege des **Amiata Trekking** erschließen die einzelnen Zonen; über 28 km wandert man auf 1050 bis 1250 m Höhe (Gratiskarte »Amiata senza fretta«, auch Dt., erhältlich beim IAT, ❯ rechts). Eine Rundfahrt mit dem Auto um den Berg durch die mittelalterlich geprägten Städt-

chen belohnt ebenfalls mit schönen \*Ausblicken in die Hügellandschaft.

# \*Abbadia San Salvatore 🔟

Dunkel und streng präsentieren sich die grau-schwarzen Häuser des mittelalterlichen \*Borgo. Dieser älteste Teil des Städtchens auf 822 m Höhe, in den man durch die **Porta della Badia** an der Piazza XX Settembre gelangt, entwickelte sich im Umkreis der Abbadia San Salvatore, einer der ersten und größten Abteien der Toskana. Das **Kloster** gründete der Langobardenkönig Rachis 743. Sehr sehenswert ist hier die einzige langobardische \*\*Krypta der Toskana mit ihrem Säulenwald.

## Infos

**IAT Amiata**
**Via Adua 21** ][ **Tel. 05 77 77 58 11**
**www.terresiena.it**
Amiata-Wanderkarten, Mountainbike-Touren.

## Hotel-Restaurants

■ **Cantore**
**Ortsteil Rifugio 2**
**53021 Abbadia San Salvatore**
**Tel. 05 77 78 97 04**
Haus im Alpenstil auf 1400 m am Berg, große Zimmer, Restaurant mit Spezialitäten wie Wildschwein, Trüffeln, Pilzen. Sommer und Winter geöffnet. ●—●●

■ **Contessa**
**Prato della Contessa**
**58033 Castel del Piano**
**Tel. 05 64 95 90 00**
**www.hotelcontessa.it**

Modernes Haus am Berg in 1454 m Höhe, holzverkleidete Komfortzimmer, traditionelle Amiata-Küche, u.a. Wild- oder Pilzmenüs. Ganzj. geöffnet. ●–●●

## Aktivitäten

Grand Tour dell'Amiata Senese: 89 km rund um den Monte Amiata mit dem Fahrrad; http://trenonatura. terresiena.it (Amiata)

## Santa Fiora 🔟

Der lieblichste Ort am Monte Amiata hütet in der romanischen **Pieve SS. Fiora e Lucilla** schöne Della-Robbia-Werke: Berührend sind v.a. die schlafenden Soldaten in der Auferstehungsszene.

An der Hauptpiazza erhebt sich der wuchtige **Palazzo Sforza Cesarini** aus dem 16. Jh.

## Hotel

**Hotel Fiora**
Via Roma 8 ][ Tel. 05 64 97 70 43
www.hotelfiora.it
Einladendes Haus mit 39 Zimmern, Terrasse, gutes Restaurant mit Amiata-Küche. Tgl. geöffnet. ●

## Restaurant

**Gatto d'Oro**
Ortsteil Aia dei Venti
(ca. 8 km nördl., von der SP6 auf die SP58 abbiegen)
Tel. 05 64 96 70 74
Rustikale Locanda mitten im Wald. Hausmannskost, Pilzküche. Juli–Sept. tgl., sonst Sa, So mittags. ●

## Aktivitäten

**Echt gut!** ■ Wandern mit Kindern im **Naturpark Monte Amiata (Parco Faunistico dell'Amiata) mit Wolfsgehegen;**

www.parcodeglietruschi.it; Anfahrt von Arcidosso Rtg. Zancona, Di–So 7.30 Uhr bis Einbruch der Dämmerung.
■ Wandern für Kunstfans im **Garten von D. Spoerri** in Seggiano > S. 94.

## *Radicofani 🔞

Der kleine Ort war wegen seiner einzigartigen, die ganze Gegend beherrschenden Lage in 896 m Höhe eine hart umkämpfte Festung. Man schlendert durch die strengen, mittelalterlich geprägten Gässchen, schaut sich die schöne romanische Kirche **San Pietro** an und erfreut sich an den wertvollen Della-Robbia-Terrakotten im Inneren.

## Hotel

**La Torre**
Via Giacomo Matteotti 7
Tel. 0 57 85 59 43
http://ristorantealbergolatorre.com
In dem freundlichen Haus übernachtet man in einfachen, sauberen Zimmern und genießt seit drei Generationen die toskanische Küche der Familie Nocchi. ●

## Aktivitäten

34 km **Radrundfahrt** von Radicofani durch das Val d'Orcia; Infos: www.terresiena.it (Val d'Orcia)

## Ausflug nach Bagni San Filippo 🔟

Das winzige, 11 km entfernte Thermalbad überrascht mit einem schneeweißen Wasserfall an den 25–52 °C warmen Naturbadewannen: Fast wie aus einem Märchenbuch entsprungen wirkt der ausgeschilderte, völlig verkalkte **\*Fosso Bianco**, bei dem man kostenlos baden kann.

Empfehlenswert ist ein Besuch der **Terme San Filippo,** das Schwimmbad ist auch für Nicht-Gäste des gleichnamigen Hotels nutzbar (Via San Filippo 23, tgl. 8.30–19, Di bis 16.30 Uhr; www. termesanfilippo.it).

## 6 \*Chiusi 20

Chiusi: Die Säulen des Doms sind Spolien aus römischen Häusern

Die Etrusker wählten die strategische Position auf dem Tuffstein-plateau zwischen den Tälern des Tiber und des Arno, inmitten von Oliven und Weingütern, für die mächtigste ihrer Städte, Chiusi.

Bevor man sich den Etruskern widmet, besichtigt man den **Dom,** im 6. Jh. errichtet. Die Säulen des dreischiffigen Inneren stammen aus römischen Bauten, die Mosaike vortäuschende Bemalung entstand 1887–94.

Vom **Dommuseum** aus gibt es  **Führungen durch den Untergrund von Chiusi,** ins **Labyrinth des Porsenna**: Etliche Kanäle aus etruskischer Zeit durchziehen den Tuff (Führungen, auch zu den **christlichen Katakomben**; Infos: Ufficio Turistico, **›** rechts, diverse Sammeltickets geplant).

Seine Urnensammlung machte das **\*\*Museo Archeologico Nazionale** berühmt (tgl. 9–20 Uhr). Ab dem 7. Jh. wurden die Urnen auf eine Art reich verzierten Thron gesetzt und ihre Deckel als Porträts ausgestaltet. So bekommt man ein Bild vom Aussehen der Menschen vor über 2500 Jahren. Einmalig ist die **\*Nekropole von**

**Chiusi** wegen der hier erhaltenen Reste etruskischer Malereien und Ausstattung (Führungen vom Museum).

### Info

**Ufficio Turistico**
Via Porsenna 79
Tel. 05 78 22 76 67
www.prolocochiusi.it

### Hotel

**La Fattoria**
Via Lago di Chiusi
Tel. 0 57 82 14 07
www.la-fattoria.it
Romantisches Haus in der Nähe der Nekropole, 8 Zimmer und Camping-platz, gute Küche (Seefisch), Terrasse. Mo geschl. Organisiert Ausritte und Mountainbiketouren. ●●

### Restaurant

**La solita zuppa**
Via Porsenna 21 ][ Tel. 0 57 82 10 06
www.lasolitazuppa.it
Feine toskanische Küche mit hervorra-genden Suppen *(zuppe)*, Kaninchen mit Ingwer. Im Winter Di geschl. ●●●

# Die tyrrhenische Küste

## Nicht verpassen!

- In Bolgheri den köstlichen lokalen Wein verkosten
- Baden vor hohen Pinien in der Traumbucht Baratti
- In Massa Marittima auf der Piazza Garibaldi wie in einem Wohnzimmer sitzen
- Den naturbelassenen Strand im Parco della Maremma genießen
- In Sovana am Abend die ruhige, unvergessliche Atmosphäre erleben
- Abends auf der Stadtmauer in Lucca spazierengehen

# Zur Orientierung

Die Küste der Toskana am Tyrrhenischen Meer reicht von Marina di Carrara bis südlich des Monte Argentario. Von der Grenze zu Ligurien bis Viareggio bietet die **Versilia** weite Sandstrände und viel Unterhaltung. Südlich des Naturschutzgebiets San Rossore mit der Arno-Mündung beginnt ab Livorno die **Etruskische Riviera,** in der sich felsige kleine Buchten vor macchiabewachsener Küste öffnen, während in der südlichen Provinz Livorno breitere Strandabschnitte vor hohen Pinienhainen liegen. In der **Maremma** warten besonders schöne Badeplätze mit feinem Sand, dahinter ausgedehnte Pinete und Dünen mit dichter Macchia. Die Halbinsel Monte Argentario bildet den markanten Schlusspunkt der toskanischen Küste. Unberührte Natur findet man in den greifbar nahen Bergen der Küstenregion: im Nationalpark Apuanische Alpen, der bis hinüber in die wild-schöne Bergregion der Garfagnana reicht, in den Regionalparks Migliarino-San Rossore-Massaciuccoli und Maremma sowie in vielen kleineren Schutzgebieten. Großartige Kunst wartet wenige Kilometer hinter der Küste: in Pisa mit dem hoch aufragenden Wahrzeichen der Toskana, dem Schiefen Turm, und in

Das stilvolle Gran Caffè Margherita in Viareggio

der Stadt Puccinis, dem liebenswürdigen Lucca. Die Bandbreite der Kunstdenkmäler an der tyrrhenischen Küste ist groß. Hier kann man Kultururlaub und Badespaß, sportlich aktive Sommertage und geruhsame Strandspaziergänge im Winter erleben.

# Touren in der Region

## In der Versilia

**⑨ Forte dei Marmi › Pietrasanta › Carrara › Viareggio › Lucca**

**Dauer:** 4 Tage (ohne Baden); 60 km

**Praktische Hinweise:** Während zwischen den Küstenorten gute Bahn und Busverbindungen bestehen, braucht man für einen Ausflug in die Apuanischen Alpen ein Auto. Denken Sie an warme Kleidung in den Bergen! Unterkünfte muss man im Sommer rechtzeitig reservieren. Zwischen den kostenpflichtigen Badeanstalten an der Küste gibt es auch freie Strandzugänge.

Am ersten Tag wartet das exklusivste Seebad der Versilia, **Forte dei Marmi › S. 115.** Am weiten Sandstrand von **Marina di Pietrasanta** spaziert man stundenlang, in **Pietrasanta › S. 114** selbst

**Tyrrhenische Küste**

0 ——— 20 km

**LIGURIEN**

Genova (Genua)
Levanto
Cinque Terre
La Spezia
Portovenere

**LIGURISCHES**

**MEER**

Korsika, Gorgona, Capraia

Gorgona, Capraia, Korsika

Korsika

Pontremoli
Corniglio
Parma
Pieve di Sorano
Villafranca in Lunigiana
Malgrate
Bagnone
Castiglione
M. Sillara 1861
Parco Nazionale
**Emilia-Romagna**
**Appennino**
Aulla
Fivizzano
**Tosco-Emiliano**
Sarzana
Fosdinovo
Campo Cecina
Luni
Carrara ⑨
Marina di Carrara
Colonnata 1945
M. Pisanino
Parco Naturale delle
**Massa** ⑨
Marina di Massa
Serchio
M. Cusna 2120
Cinquale
Serravezza
Castelnuovo di Garfagnana
Forte dei Marmi ⑧
**Alpi Apuane**
Barga
M. Giovo 1991
Marina di Pietrasanta
**Pietrasanta** ⑦
Bagni di Lucca
Lido di Camaiore
Camaiore
Viareggio ⑥
Diecimo
Torre del Lago Puccini
Borgo a Mozzano ⑫
Parco Naturale
Migliarino
S. Rossore
e Massaciuccoli
L. di Massaciuccoli
Serchio
Villa Basilica
Marlia
Collodi
⑨
**Lucca** ③
Pescia
Marina di Pisa
Arno
Montecarlo
Buggiano Castello
S. Piero a Grado ⑩
**Pisa** ①
Calci
**MONTE PISANO**
Montecatini Terme
Tirrenia
Altopascio
Montecatini Terme
**Livorno** ⑩
Cascina
Vicopisano
Monsummano Terme
⑩
Pontedera ②
Fucecchio
Vinci
Quercianella
Ponsacco
**Empoli**
Castiglioncello
Capannoli
Paláia
Rosignano Solvay
Rosignano Marittima
Peccioli
S. Miniato
Vada
Lajatico
Castelfiorentino
Marina di Cecina
Cecina
Oliveto
Petrazzi
**Toskana**
Montescudaio
Certaldo
Forte di Bibbona
Bibbona
Bolgheri ⑪
Volterra
S. Gimignano
Marina di Castagneto-Donoratico
Cecina
Pomarance
Larderello
Castel S. Gimignano
Poggibonsi
Donoratico
Castagneto Carducci ⑫
S. Vincenzo
Sassetta
Colle di Val d'Elsa
Golfo di Baratti ⑯
Campiglia Marittima ⑮
Suvereto
**COLLINE METALLIFER**
Baratti
Populonia ⑰
Torre del Sale
Castelnuovo di Val di Cédina
Quercegrossa
Piombino
Cornia
Monterotondo Marittimo
**Siena**
Parco Costiero della Sterpaia
Elba
Korsika
Torre Mozza
Rom

Firenze (Florenz)
Prato, Bologna

dreht sich alles um Marmor, so am *Domplatz und im Museo dei Bozzetti. Gerade im Hochsommer, wenn die Hitze am Meer zu groß wird, locken die **Apuanischen Alpen** › S. 114 mit ihren kühlen, schattigen Wäldern. Auch Klettersteige für Geübte warten hier nur wenige Kilometer von der Küste entfernt. Wer noch mehr Lust auf Marmor hat, unternimmt am zweiten Tag einen Ausflug zu den *Marmorbrüchen oberhalb von **Carrara** › S. 115 und besucht das dortige Museum. Der dritte Tag bietet Gelegenheit zum Bummel entlang der lebhaften Strandpromenade in **Viareggio** › S. 113 bis zum Jugendstilbau mit dem *»Gran Caffè Margherita«. In **Torre del Lago Puccini** › S. 113, 6 km von Viareggio und südlichster Punkt der Versilia, liegt die Villa des Komponisten am **Lago di Massaciuccoli**. Von Forte dei Marmi bis Viareggio befindet man sich in der Provinz **Lucca** › S. 109, das man über das sehenswerte Camaiore anfährt. Luccas schönes *Centro Storico umschließen die

*Stadtmauern aus dem 16. Jh. Der **Dom und die Kirche *San Michele in Foro bestechen mit ihren Fassaden. Über die von mittelalterlichen Häusern gesäumte Shoppingmeile Via Fillungo erreichen Sie das Oval des römischen Amphitheaters. Spazieren Sie durch die Innenstadt zum baumbewachsenen *Guinigi-Turm und genießen Sie den herrlichen *Rundblick auf Lucca bis weit in den toskanischen Apennin.

## Die Costa degli Etruschi

— ⑩ — Pisa › Livorno › Rosignano Marittimo › Vada › Cecina › Bolgheri › Castagneto Carducci › Marina di Castagneto Carducci › Suvereto › Campiglia Marittima › San Vincenzo › Golfo di Baratti › Populonia

**Dauer:** 5 Tage (ohne Baden); 160 km

**Praktische Hinweise:** Zwischen den Küstenorten kann man mit dem Zug und tagsüber Busse nehmen. Für einen Ausflug in die Hügel braucht man ein Auto – die Straßen sind zwar kurvig, aber gut ausgebaut. Besonders im Herbst feiern die Orte des Hinterlandes viele Pilz- und Kastanienfeste. Unterkünfte im Sommer rechtzeitig reservieren, Parkplätze an der Küste sind v.a. am Wochenende stets voll! Viele Strandzugänge der Küste sind frei.

Der weltberühmte ***Schiefe Turm in ***Pisa ❯ S. 104 überrascht wirklich alle Besucher, die das Bauwerk in natura vor Augen haben – es ist tatsächlich ziemlich schief! Schauen Sie sich die UNESCO-geschützte ***Piazza dei Miracoli mit Turm, ***Dom, ***Baptisterium, *Camposanto und *Dommuseum an. Über die Via Santa Maria gelangt man in die *Altstadt, die mit Kunstschätzen, schönen Geschäften und Restaurants aufwartet.

Am Nachmittag des zweiten Tages fahren Sie zur Arno-Mündung in **Marina di Pisa** und über das Seebad **Tirrenia** weiter nach **Livorno** ❯ S. 116 mit seinem malerischen Viertel *Venezia Nuova. Am nächsten Morgen verlocken **Quercianella** und **Castiglioncello** an der macchiabewachsenen grünen Küste zu einem Stopp am Meer. Weiter südlich lassen Sie den fast surreal wirkenden Industriekomplex von **Rosignano Solvay** links liegen und reisen zum Baden an den weißen *Strand von **Vada** ❯ S. 119.

Von der Küste geht es ins Landesinnere, auf der längsten Zypressenallee Italiens hinauf nach *Bolgheri ❯ S. 119. Das Nachbardörfchen **Castagneto Carducci** ❯ S. 119 wacht mit seiner Adelsburg über die sich zum Meer ausbreitende Ebene bis hin zu den Sandstränden von **Marina di Castagneto Carducci** ❯ S. 119, ideal für eine Übernachtung. Am vierten Tag führt eine wunderschöne Fahrt über die Städtchen *Suvereto ❯ S. 120 und **Campiglia Ma-**

rittima ❯ S. 120 mit dem *Parco Archeominerario zum Ferienort **San Vincenzo** ❯ S. 120, wo Sie Quartier nehmen für den letzten Tag oder auch die letzten Tage dieser Tour: Gönnen Sie sich einen Badetag am *Golf von Baratti ❯ S. 120 ein und besuchen Sie hier die etruskischen *Grabhügel direkt am Meer, um den Bilderbuch-Sonnenuntergang von dem kleinen **Populonia** ❯ S. 121 oben am Hügel zu erleben.

## Die Maremma

⑪ Follonica ❯ Massa Marittima ❯ Castiglione della Pescaia ❯ Grosseto ❯ Marina di Alberese ❯ Talamone ❯ Orbetello ❯ Monte Argentario ❯ Manciano ❯ Saturnia ❯ Sovana ❯ Sorano ❯ Pitigliano

**Dauer:** 7 Tage (ohne Baden); 275 km

**Praktische Hinweise:** Gute Bahnverbindungen zwischen den Küstenorten (www.trenitalia.com). Überlandbusse fahren tagsüber alle Orte regelmäßig an; im Sommer werden auch die Strände bedient (www.ramamobilita.it). In den Hügel im Hinterland ist das Reisen mit öffentlichen Verkehrsmitteln sehr umständlich, deshalb braucht man dort ein Auto. Unterkünfte im Sommer rechtzeitig reservieren! In Castiglione della Pescaia und am Monte Argentario ist viel Strandszene und abendlicher Corso geboten.

Über dem Eingangstor zur Maremma, dem Ferienort **Follonica** > S. 121, liegt 30 km von der tyrrhenischen Küste in den metallhaltigen, schon von den Etruskern ausgebeuteten Hügel Metallifere das wunderschöne *Massa Marittima* > S. 121: Wie in einem Wohnzimmer sitzt man auf der *Piazza Garibaldi, umrahmt von mittelalterlichen *Prunkbauten.

Der nächste Tag lockt zu einem Badeausflug in das nette **Castiglione della Pescaia** > S. 123 mit hervorragender Wasserqualität. Am Nachmittag warten die Provinzhauptstadt **Grosseto** > S. 122 und ein Besuch des sehenswerten *Museo Archeologico e d'Arte della Maremma. Kenntnisse über die Antike kann man am folgenden Tag vertiefen, in der nordöstlich von Grosseto gelegenen **archäologischen Zone von *Roselle** > S. 123 und bei einem Abstecher weiter nach Westen, in das Etruskerstädtchen **Vetulonia** > S. 124 mit seinen *Tumulusgräbern.

Übernachten Sie in einem der Orte am Meer, sodass Sie am nächsten Morgen zu einer Wanderung im *Parco Regionale del-

**Die Maremma** Follonica > Massa Marittima > Castiglione della Pescaia > Grosseto > Marina di Alberese > Talamone > Orbetello > Monte Argentario > Manciano > Saturnia > Sovana > Sorano > Pitigliano

la **Maremma** › S. 123 aufbrechen oder am naturbelassenen Strand baden können. Auch vom kleinen Hafenort **Talamone** › S. 123 führen Wege in das Naturschutzgebiet. Am Abend sollten Sie auf der Halbinsel **\*Monte Argentario** › S. 124 nächtigen, um in **Porto Santo Stefano** die Sommerszene mitzuerleben. Der folgende Tag ist einer Rundfahrt um den Berg mit traumhaft schönen **\*\*Panoramablicken** auf den Toskanischen Archipel gewidmet. Durch die sanften Hügel der Maremma geht es tags darauf über die Städtchen **Manciano** und **Montemerano** nach **Saturnia** › S. 125, wo Sie in kostenlosen **\*Naturbecken** das warme Thermalwasser genießen. In **\*Sovana** › S. 125 mit seinem romanischen **\*Dom** fühlt man sich am Abend wie in längst vergangener Zeit. Anderntags wandern Sie früh zu den nahen etruskischen **\*Grabbauten**, bevor Sie **\*Sorano** › S. 125 erreichen. Am Abend wartet das auf Tuffstein erbaute **\*Pitigliano** › S. 124, dessen unterhöhlte **\*Altstadt** Sie am letzten Tag von der Synagoge aus erkunden.

## Verkehrsmittel

Zwischen den Küstenorten, nach Lucca und von dort in die Garfagnana gibt es gute **Bahnverbindungen** (www.trenitalia.com).

**Überlandbusse** fahren alle Orte tagsüber relativ regelmäßig an (in der Versilia: www.vaibus. com, www.clapspa.it, www.catspa. it, www.lazzi.it; an der Costa degli Etruschi: www.atl.livorno.it; www. atm.li.it; www.lazzi.it).

# Unterwegs in der Region

## \*\*\*Pisa ∎

Die Stadt (88 200 Einw.) verdankt ihre Berühmtheit einem einzigen Bauwerk: dem Schiefen Turm, der den großartigen Domplatz überragt. Seit 500 Jahren bildet Pisas Universität (mit heute über 53 000 Studenten), eine der bedeutendsten Italiens, den Mittelpunkt des städtischen Lebens. Davor dominierten Kaufleute und Seefahrer die Geschicke Pisas. In dieser Blütezeit vom 11. bis ins 13. Jh. entstanden auch die wichtigsten Bauten. 1406 gelang den Florentinern nach langer Belagerung die Eroberung Pisas.

### 7 \*\*\*Piazza dei Miracoli Ⓐ

Den Besuch der Stadt beginnt man am besten auf dem Domplatz, dem »Platz der Wunder«. Wie für die Ewigkeit geschaffen, erheben sich Turm, Dom und Baptisterium aus der grünen Wiese. Die einheitliche weiße Marmorverkleidung unterstreicht die Einzigartigkeit der Piazza.

### ***Dom

Als eines der ersten Monumental-
bauwerke des Mittelalters wurde
der Dom Santa Maria 1063 begonnen. Baumeister Buscheto ver-
band eine frühchristliche Basilika
(Langhaus mit Apsis) mit einem
Querschiff: Nie zuvor hatte es in
Italien einen Sakralbau in Form
eines griechischen Kreuzes gegeben! Buscheto kannte die islami-
sche Architektur, auch die reiche
Außendekoration mit Marmorin-
tarsien spiegelt ihre Einflüsse.

Die **Fassade** mit ihren Bogen
auf Halbsäulen und Säulengaleri-
en wurde wie das Langhaus unter
Baumeister Rainaldo im 12. Jh.
fertiggestellt. Durch die dicht stehenden Säulen wirkt das Innere
fast wie eine Moschee. Dort steht
eines der Hauptwerke gotischer
Bildhauerkunst: die **\*Kanzel** von
Giovanni Pisano (1302–12) mit
ihren ausdrucksstarken, bewegten
Reliefs (März 10–18, April–Sept.
bis 20, Okt. bis 19, Nov.–Feb. 10
bis 12.45, 14–17 Uhr; So, Fei ab
13 Uhr. Verbilligtes Sammelticket
für Dom, Baptisterium, Camposanto, Dom- und Sinopienmuseum oder für zwei Monumente an
der Piazza dei Miracoli.)

**Geistlicher Musik mit inter-
national bekannten Stars** kann
man im Dom von Mitte Sept. bis
Anf. Okt. lauschen.

### ***Baptisterium

Das Baptisterium begann Dioti-
salvi 1153 im romanischen Stil.
Die gotische Bauphase ab der
Säulenloggia leitete Nicola Pisano,
später sein Sohn Giovanni. Erst

Die Domkanzel von
Giovanni Pisano

im 14. Jh. wurde die Kuppel auf-
gesetzt. Nicola schuf 1260 mit der
ersten frei stehenden **\*Marmorkanzel** eines der bedeutendsten
Kunstwerke am Ausklang der
Romanik in Italien (tgl., März 9
bis 18, April–Sept. 8–20, Okt. 9
bis 19, Nov.–Feb. tgl. 10–17 Uhr).

### *Camposanto und Sinopienmuseum

Wer die Reliefs mit den römischen Sarkophagen im **Camposanto** (geöffnet wie Baptisterium,
aber Juni–Aug. bis 23 Uhr), dem
monumentalen Friedhof an der
Nordseite des Platzes, vergleicht,
sieht, woher Nicola Pisano Anregungen bezog. Die prunkvollen
Sarkophage dienten im Mittelalter
als prestigeträchtige Grablegen.
Bis zur Zerstörung 1944 schmück-

ten den Friedhof die größten mittelalterlichen Wandmalereien der Welt. Die erhaltenen **Freskenzyklen** kann man besichtigen (z.T. Restaurierungsarbeiten).

Im **Sinopienmuseum** an der Südseite des Domplatzes sieht man die Vorzeichnungen aus rotem Erdpigment, die bei der Restaurierung der Fresken entdeckt wurden (geöffnet wie Baptisterium ❯ S. 105).

### ***Schiefer Turm ❺

Den Campanile begann der Baumeister Bonanno Pisano 1173, bereits während des Baus neigte sich der Turm – und wurde prompt berühmt. Der Baumeister Giovanni di Simone wagte 1275 den Weiterbau und korrigierte die Schieflage, indem er die höheren

Stockwerke jeweils wieder ins Lot setzte. Doch der Turm wurde über die Jahrhunderte immer schiefer. **Am allerschiefsten erscheint er von der Via Cardinale Maffi aus,** `Echt gut` ein idealer Standort für Fotos!

Bei der 1990 gestarteten Rettungsaktion legte man dem Turm Stahlringe um, an denen zwei straff gespannte Stahlseile zogen, trug unterirdisch Erdreich ab und befestigte schwere Bleigewichte. Damit hat man die Neigung der letzten 200 Jahre »begradigt« – insgesamt um 40 cm. Seit einigen Jahren ist der Turm für stolze 15 € wieder zugänglich (tgl., März 9 bis 17.30 letzter Aufstieg, April 8.30–20, Juni–Aug. 8.30–22.30, Okt. 9–19, Nov.–Feb. 10 bis 16.30 Uhr). Reservierung empfohlen: im Ticketbüro am Domplatz oder online: www.opapisa.it.

### *Dommuseum ❻

Das Schönste sind hier die Skulpturen aus dem 12. Jh. sowie die *Meisterwerke von Nicola und Giovanni Pisano, Tino da Camaino und Nino Pisano (geöffnet wie Baptisterium). Mitte Juni–Anf. Juli finden im Kreuzgang des Dommuseums **stimmungsvolle Klassik- und Jazzkonzerte** statt `Echt gut` (*Musica sotto la Torre*).

### Pisas Altstadt

Nach der Besichtigung des Domplatzes (Fahrradverleih, Pferdekutschen am Platz) sollte man durch die Altstadt von Pisa schlendern. Von Oktober bis Juni, während des italienischen Studienjahres, bestimmen die Studen-

Der Schiefe Turm von Pisa

ten das Straßenbild, so auf der **\*Piazza dei Cavalieri** 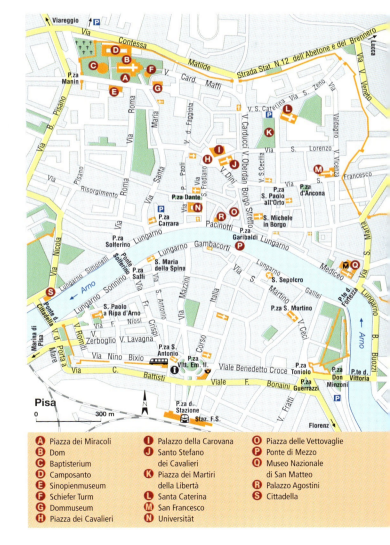. Der prächtige **Palazzo della Carovana** , ehemaliger Amtssitz der Pisaner Kommune, beherbergt heute die Elite-Uni Scuola Nor-

male Superiore. Auf Plänen Vasaris beruht die Sgraffito-Dekoration sowie die Kirche **Santo Stefano dei Cavalieri**  (geöffnet je nach Personalsituation, Mi, Sa vorm. meist). Schatten und Grün findet

| | | |
|---|---|---|
| **A** Piazza dei Miracoli | **I** Palazzo della Carovana | **O** Piazza delle Vettovaglie |
| **B** Dom | **J** Santo Stefano | **P** Ponte di Mezzo |
| **C** Baptisterium | dei Cavalieri | **Q** Museo Nazionale |
| **D** Camposanto | **K** Piazza dei Martiri | di San Matteo |
| **E** Sinopienmuseum | della Libertà | **R** Palazzo Agostini |
| **F** Schiefer Turm | **L** Santa Caterina | **S** Cittadella |
| **G** Dommuseum | **M** San Francesco | |
| **H** Piazza dei Cavalieri | **N** Universität | |

man auf der baumumstandenen **Piazza dei Martiri della Libertà** , etwas versteckt liegt die schöne Marmorfassade der Kirche *Santa Caterina  (erbaut 1251–1300). Südlich davon steht die großartige Kirche *San Francesco .

Nur wenige Schritte geht man von der Piazza dei Cavalieri zur **Universität** . Für eine kleine Pause eignen sich die Bars rund um die Hochschule. Selbstversorger finden in dem noch mittelalterlich geprägten Viertel um die **Piazza delle Vettovaglie**  eine Vielzahl von Ständen und kleinen Läden. Ganz anders der **Borgo Stretto,** eine elegante Ladenstraße, in der die Cafés unter den Laubengängen zum Verweilen einladen. Seit 1109 ist die Brücke **Ponte di Mezzo**  dokumentiert, auf der Ende Juni das Brückenspiel › S. 35 stattfindet. Hier, an der Piazza Garibaldi und der nahen Piazza della Berlina spielt sich das Pisaner Nachtleben ab. Auf der gegenüberliegenden Arno-Seite wartet der **Corso Italia**, die Haupteinkaufs- und Bummelmeile. Am rechten Arno-Ufer, ein wenig flussaufwärts, kann man im **\*\*Museo Nazionale di San Matteo**  hochkarätige mittelalterliche Kunst bewundern (Di–Sa 8.30–19.30, So bis 13 Uhr).

Gleich neben dem einzigen erhaltenen Backsteinpalast Pisas, dem **Palazzo Agostini**  mit seiner Terrakotta-Zier aus dem 15. Jh., bietet »De' Coltelli« exzellente und extravagante Eissorten wie etwa Zitroneneis mit

Echt gut!

Pfeffer. Am Abend geht die Sonne romantisch hinter dem Festungsturm **Cittadella**  unter.

## Infos

**Ufficio Turistico**
**Piazza Vittorio Emanuele II 16**
**(Nähe Bahnhof)** ][ **Tel. 05 04 22 91**
tgl. geöffnet
**Im Flughafen Galileo Galilei**
**Tel. 0 50 50 25 18**
**www.pisaturismo.it**

## Hotels

■ **Royal Victoria**
**Lungarno Pacinotti 12**
**Tel. 0 50 94 01 11**
**www.royalvictoria.it**
Schönes altes Hotel mit Zimmern in toskanischem Stil, direkt am Arno. ●●
■ **Ariston**
**Via C. Maffi 42** ][ **Tel. 0 50 56 18 34**
**http://torre.hotelariston.pisa.it**
Hübsches kleines Hotel in Domnähe, Zimmer mit Blick auf den Schiefen Turm. ●—●●

## Restaurants

■ **Osteria dei Cavalieri**
**Via San Frediano 16**
**Tel. 0 50 58 08 58**
Toskanische Küche mit Fantasie.
Sa mittags/So geschl. ●●
■ **La Cereria**
**Via Gori 33** ][ **Tel. 05 02 03 36**
Restaurant mit Pizzeria im schönen begrünten Innenhof. Di geschl. ●

## Shopping

■ Mi und Sa vormittags großer **Markt** in der **Via Paparelli.**
■ Jedes 2. Wochenende **Antiquitäten und Kunsthandwerk** (außer Juli, Aug.) auf der **Piazza dei Cavalieri.**

Echt gut!

Echt gut

Karte
Seite 111

## Aktivitäten

Gleich westlich von Pisa wandert man im **Naturpark San Rossore** durch schattige Pinienwälder und duftende Macchia; auch Fahrradwege. Organisierte Führungen, Kutschenfahrten; Infos zum Park im **Besucherzentrum La Sterpaia, 56122 Rossore, Tel. 0 50 53 36 01** (tgl. geöffnet).

# Ausflug nach Pontedera **2**

Im **Piaggio-Museum** in der Industriestadt Pontedera (28 350 Einw.) sieht man die alten Vespas in allen Formen und Farben, sogar eine Vespa mit Autogramm von Salvador Dali. Im Museum finden regelmäßig hochkarätige Kunstausstellungen statt. (Viale Rinaldo Piaggio 7, 56025 Pontedera; Di–Sa 10–18 Uhr, gratis; www.museopiaggio.it). Von Pontedera aus lohnt die Weiterfahrt in die *Colline Pisane, eine sanfte Hügellandschaft mit wundervollen *Ausblicken und im Sommer angenehm erfrischend.

## Restaurants

■ **Il Pettirosso**
**Via San Martino 15 ][ 56036 Palaia**
**ca. 18 km südöstlich von Pontedera**
**Tel. 05 87 62 21 11**
**www.ristoranteilpettirosso.it**
In den Colline: hervorragende Pizza und klassische toskanische Küche, Di im Winter geschl. ●
■ **Pasticceria Ferretti**
**Via Carraia 1 ][ 56037 Peccioli**
**ca. 20 km südl. von Pontedera**
**Tel. 05 87 63 51 24**

Das Café verwöhnt mit wunderbarem süßem Gebäck, etwa klassischen Diplomatici, auch Foccacce und Pizze.

# **8** **\*\*Lucca** **3**

Puccinis heiteres Lucca (85 000 Einw.) bietet Touristen nicht nur Kunst und Bauwerke vergangener Epochen, sondern auch angenehme Cafés und schöne Geschäfte sowie ein **Puccini-Museum** in seinem Geburtshaus (Corte San Lorenzo 9, Mi–Mo April–Okt. 10–18, Nov.–März 11–17 Uhr, www.puccinimuseum.it).

### **\*\*Dom San Martino** **Ⓐ**

Einen Stadtrundgang beginnt man am besten beim Dom mit seiner reich gegliederten romanischen **\*\*Fassade**. Die Säulen und Verzierungen der drei oberen Galerien beweisen die Fantasie des Baumeisters Guidetto da Como (1204). Im gotischen Inneren sieht man ein »Abendmahl« von Tintoretto (3. Altar, rechtes Seitenschiff). Viel zu früh starb 1405 die Gattin des Stadtherrn Paolo Guinigi: Jacopo della Quercia gestaltete das **\*Grabmal der Ilaria del Carretto,** ein Hauptwerk der italienischen Bildhauerei (Mitte März–Okt. Mo–Fr 9.30–17.45, Sa 9.30–18.45, So 11.20–11.50, 12.50 bis 16.45 Uhr, sonst Mo–Fr bis 16.45, Sa bis 18.45, So 9–9.50, 11.20–11.50, 12.50–17.45 Uhr; Dom gratis; Sammelticket für Grabmal, Taufhaus San Giovanni und Museo della Cattedrale 6 €).

Der **Tempietto,** das Tempelchen, im linken Seitenschiff be-

Den Aufstieg auf die Torre Guinigi belohnt ein weiter Panoramablick

herbergt das Holzkreuz **Volto Santo** (»Heiliges Antlitz«). Auf wunderbare Weise gelangte es im 8. Jh. übers Mittelmeer an den Strand von Luni, von dort nach Lucca in die Kirche San Frediano (**>** rechts). Zur Erinnerung an die Überführung aus San Frediano in den Dom wird das Kreuz alljährlich **am 13. September in einer Lichterprozession** durch die Stadt getragen.

**Echt gut!**

### *Santa Reparata B

Zu dieser einstigen Bischofskirche Luccas gehört das gotische **Taufhaus San Giovanni**. Ausgrabungen unter der Kirche legten viele Bauphasen frei – vom ersten römischen Haus bis ins 12. Jh. (tgl. Mitte März–Okt. 10–18 Uhr, sonst nur Sa, So 10–17 Uhr; Sammelticket s. Dom)

### Altstadtbummel

Über die weite **Piazza Napoleone C** erreicht man das ehemalige römische Forum, das zum Ver-

weilen lockt. Die Kirche **\*San Michele in Foro D**, Stolz der Luccheser, beeindruckt mit ihrer durch Säulen und Marmorbänder reich gegliederten **\*\*Schaufassade** des 13. Jhs. Die **Via Fillungo** lädt mit schönen Geschäften zum Bummel ein. Auch die gut erhaltenen mittelalterlichen Gebäude und den nicht zu übersehenden **Uhrturm E** aus dem 13. Jh. sollte man würdigen. Im hübschen Café »Di Simo« (Nr. 58), im 19. Jh. ein Künstlertreffpunkt, saß schon Puccini.

Der **\*Guinigi-Turm F** mit den Steineichen auf dem Dach, ein traumhafter **\*Aussichtspunkt**, gehört zum **Palazzo Guinigi** aus dem 14. Jh. (Juni–Sept. 9.30 bis 19.30 Uhr, sonst kürzer). Ein weiterer schöner **Guinigi-Palast G** wartet um die Ecke.

Die **\*Piazza Anfiteatro H** zeichnet das Oval eines Amphitheaters aus dem 2. Jh. nach. An der Nordseite kann man noch einige der mächtigen römischen

Quadersteine sehen. Zum Abschluss des Altstadtbummels genießt man die herrliche **Aussicht bei einem Spaziergang auf der schattigen ca. 4 km langen Stadtmauer.**

## **San Frediano**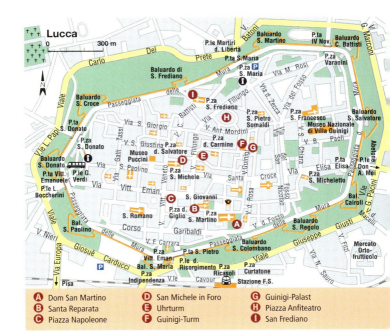

Beim Näherkommen beeindruckt das Himmelfahrtsmosaik an der Fassade der Basilika. Im dreischiffigen Innenraum mit offenem Dachstuhl bewundert man rechts das mit Reliefs verzierte **Taufbecken** (12. Jh), u.a. Szenen aus dem Leben Mose sowie die Symbole der Monate und die Zwölf Apostel (im Sommer 9–12, 15–17, im Winter bis 18 Uhr, So, Fei ab 10.30 Uhr.)

**Infos**

**APT Infobüro**
Piazza Santa Maria 35
Tel. 05 83 91 99 31
www.luccaturismo.it
Organisiert Mo, Do, Sa Stadtführungen
(dt. u. engl.)

**Hotel**

■ **La Luna**
Via Fillungo ][ Corte Compagni 12
Tel. 05 83 49 36 34
www.hotellaluna.com
Kleinerer Familienbetrieb mit freundlich-modern ausgestatteten Zimmern im Centro Storico. ●●
■ **Piccolo Hotel Puccini**
Via di Poggio 9
Tel. 0 58 35 54 21
www.hotelpuccini.com

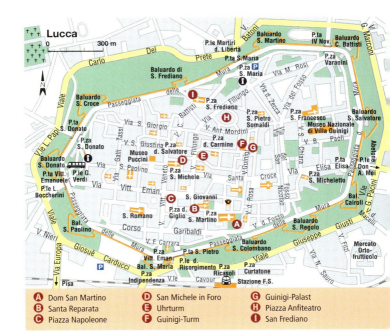

A Dom San Martino  D San Michele in Foro  G Guinigi-Palast
B Santa Reparata  E Uhrturm  H Piazza Anfiteatro
C Piazza Napoleone  F Guinigi-Turm  I San Frediano

Gepflegtes Hotel im Herzen der Stadt in einem klassizistischen Palazzo mit modern eingerichteten Zimmern. ●●

## Restaurants

■ **Buca di Sant'Antonio**
**Via della Cervia 1/3**
**Tel. 0 58 35 58 81**
Ausgezeichnete Regionalküche im Zentrum, interessante Grappasorten. So abends u. Mo geschl. ●●
■ **Baluardo San Colombano**
**Tel. 05 83 46 46 41**
Im Bollwerk der Stadtmauer, Restaurant (auch internationale Küche), Bar, im Sommer Konzerte im Freien. Di–So 9–1 Uhr, im Sommer tgl. ●—●●

## Shopping

■ Jedes 3. Wochenende im Monat  gibt es einen Antiquitätenmarkt in

Im Park der Villa Garzoni in Collodi

der Altstadt rund um den Dom sowie einen **Künstlermarkt** an der **Piazza dell'Arancio**. Am letzten Wochenende im Monat findet der **Kunsthandwerksmarkt** auf der **Piazza S. Giusto** statt. Zum Settembre Lucchese gehört der **Markt** mit Kulturevents auf der **Piazza San Michele in Foro.**

# Ausflug nach Collodi 4

Carlo Lorenzini, der Erfinder der Holzpuppe Pinocchio, wählte als Pseudonym den Namen seiner Heimatstadt. Im etwa 15 km von Lucca entfernten **Pinocchio-Park** kommen Kinder auf ihre Kosten. Die Geschichte der Holzpuppe erwandert man sich entlang der von Künstlern entworfenen Skulpturen (www.pinocchio.it; tgl. 8.30, Mitte Nov.–Feb. Sa, So ab 9 Uhr bis Sonnenuntergang).

Sehenswert sind auch der *Barockgarten der **Villa Garzoni** nebenan sowie das *Schmetterlingshaus** mit über 1000 Exemplaren (tgl. März–Okt. ab 8.30, Nov.–Feb. nur Garten ab 9 Uhr).

# 9 Ausflug in die Garfagnana

Die schroffen Gipfel der Apuanischen Alpen gen Südwesten und die runderen Formen des Apennins Richtung Nordosten rahmen das Flusstal des Serchio ein und bilden diese Region.

*Barga 5 (10 300 Einw.), den schönsten Ort der Gegend auf

410 m Höhe, prägen noch heute malerische mittelalterliche, Treppen, Gassen und Plätze. Auf dem höchsten Punkt warten **die spektakuläre \*Aussicht auf die Berge** und einer der schönsten romanischen Dome der Toskana, **\*\*San Cristofano.** Die Piazza Angelio unterhalb ist Schauplatz der **Sommerfestivals von Barga.** Berühmt sind v.a. die Festivals **Opera di Barga** in der 2. Juni-Hälfte und **Barga Jazz** in der 2. August-Hälfte (www.barganews.com).

### Infos

**Centro Visite Parco Alpi Apuane**
**Piazza delle Erbe 1**
**53032 Castelnuovo di Garfagnana**
**Tel. 0 58 36 51 69**
Infos zu guten Trekking- und Mountainbike-Touren und Reitwegen:
**www.parcapuane.toscana.it/**
**turismo/itinerari.asp**

### Hotel

**Casa Fontana**
**Via di Mezzo 77 ][ 55051 Barga**
**Tel. 05 83 72 45 24**
**www.casa-fontana.com**
Familiäres Haus aus dem 18. Jh., Nichtraucherhotel. Schöne, rustikal eingerichtete Zimmer, herrlicher Garten. ●

### Restaurants

■ **L'Altana**
**Via di Mezzo 1 ][ 55051 Barga**
**Tel. 05 83 72 31 92**
Traditionelle Gerichte der Garfagnana werden mit Zutaten aus dem eigenen Garten sowie aus der Umgebung gekocht; hausgemachte Pasta, Brote und Nachspeisen. Mi u. Do mittags geschl.
●—●●

■ **Caffè Capretz**
**Piazza Salvo Salvi**
Kleine warme Gerichte, Snacks, Salate in einem schönen Café von 1870. ●

### Aktivitäten

■ Die Wanderkarte **Alpi Apuane, Garfagnana«** aus dem Kompass Verlag stellt (auch Mountainbike-) Touren und Sehenswürdigkeiten vor.

## 10 Die \*Versilia

Die Küstenregion von Cinquale bis zum Lago di Massaciuccoli wird als **Versilia** bezeichnet. Hier gibt es Wassersport, Nightclubs und Discos, Restaurants und Hotels aller Preisklassen sowie viele Campingplätze. **Besonders familienfreundlich gibt sich der Lido di Camaiore** bei Viareggio.

## Viareggio ⑥

Die Promenade des lange vor der Entwicklung des Massentourismus berühmtesten Badeortes (64 500 Einw.) der Toskana ist stets dicht bevölkert. Man gönnt den Auslagen der Boutiquen einen dritten Blick, setzt sich in eine Eisdiele, unternimmt einen Abstecher zum Strand. Der **Uhrturm** wie auch die Türmchen des Jugendstilbaus **\*Gran Caffè Margherita** (Via Regina Margherita) sind Orientierungspunkte. Beim See von Massaciuccoli in **Torre del Lago Puccini** kann man **die Villa des Komponisten** besichtigen (www.giacomopuccini.it). Die Opern Puccinis **werden auf einer Seebühne** im Juli und August gespielt (www.puccinifestival.it).

**Ufficio Informazione Turistica**
Viale Carducci 10 ][ 55049 Viareggio
Tel. 05 84 96 22 33
www.aptversilia.it
www.vacanzeinversilia.com

**Hotel Plaza e de Russie**
Piazza D'Azeglio 1
Tel. 0 58 44 44 49
www.plazaederussie.com
Ältestes Hotel im Ort an der Promenade, eine wahre Jugendstilperle, Panoramarestaurant, raffinierte Küche. ●●●

**Darsena**
Via Virgilio 150 ][ **Tel. 05 84 39 27 85**
Typische Trattoria im alten Hafenviertel in der köstlicher, frischer Fisch die Hauptrolle spielt. Gutes Preis-Leistungsverhältnis. Im Sommer So mittags, im Winter So abends geschl. ●●●

## Pietrasanta 7

Das Städtchen (25 000 Einw) überrascht Besucher im Zentrum der Altstadt mit der *Piazza del Duomo. Neben dem roten **Campanile** zieht der im 13. Jh. begonnene **Dom** aus Marmor den Blick auf sich. Marmor heißt seit Jahrhunderten das Zauberwort der Stadt. Das **Museo dei Bozzetti** im alten Konvent gleich nebenan zeigt Modelle von Bildhauern, die aus aller Welt hierher kommen (Mitte Juni–Mitte Sept. Di–So 18.30–20, 21–24 Uhr, sonst Di–Sa 14–19, So 16–19 Uhr; 1.–15. Aug. nur abends, gratis; www.museodei bozzetti.com). Die rundlichen Figuren des Kolumbianers Fernan-

do Botero warten in der Kirche **San' Antonio Abate** (Via Mazzini).

**Ufficio Turistico**
Via G. Donizetti 14
55045 Marina di Pietrasanta
Tel. 0 58 42 03 31
www.aptversilia.it

**Villa Flores**
Via Carducci 27
55044 Marina di Pietrasanta
www.hotelvillaflores.com
Nettes Hotel mit Restaurant und Garten, nur wenige Schritte vom Meer. ●●

**Il Posto**
Piazza Carducci 12
Tel. 05 84 79 14 16
www.ristoranteilposto.it
Restaurant, Enothek, Kunstgalerie in altem Gemäuer. Raffinierte Fischgerichte, auch klassisch-toskanische Fleischspeisen. Mo–Do mittags geschl. ●●

Antiquitätenmarkt am 1. So und Kunsthandwerk am 2. So im Monat.

Echt gu

Das Besucherzentrum des **Nationalparks Apuanische Alpen** in **Seravezza** (5km nördl.) bietet Infos zum Wandern, Biken, Reiten im Park: **Centro Visitatori, Via C. Del Greco 11, 55047 Seravezza, Tel. 05 84 75 73 25, www.parcapuane.toscana.it, www. prolocoseravezza.it**; Juni–Sept. tgl. 9–13, 15.30–19.30, Okt.–Mai Mi–Mo 9.30–12.30, 15–18 Uhr.

## Forte dei Marmi 🎱

Das besondere Flair des mondänen kleinen Badeortes mit schönen Sandstränden spürt man beim Bummel über die Via Carducci mit Edelboutiquen und Kunstgalerien sowie an der Piazza Garibaldi, wo schon Thomas Mann im »Caffè Roma« saß.

**cht gut!** **Ein Paradies für Kinder findet sich an der Piazza Marconi** (Autos, Ponys, Karussells), Gratis-Vergnügen bietet der nahe Spielplatz (Piazza Dante).

### Hotel

**Hotel Astor Victoria**
**Via Caio Duilio 6**
**Tel. 05 84 78 74 41**
**www.hotelastorvictoria.it**
Nur 100 m vom Strand im Viertel Roma Imperiale, auch Sportwochen. Restaurant mit toskanischer Küche, Terrasse. ●●—●●●

### Restaurant

**Lorenzo**
**Via Carducci 61 ][ Tel. 0 58 48 96 71**
Vielfach hoch gelobt in puncto Frische und Qualität der erstklassigen Fischgerichte. Reservieren! Mo geschl. ●●●

Marmor in den Apuanischen Alpen

### Nightlife

**La Capannina**
**Via Repubblica 16**
**Tel. 0 58 48 01 69**
**www.lacapanninadifranceschi.it**
In dem seit 1929 bestehenden Traditions-Tanzlokal (mit Restaurant) wird im Frühjahr und Sommer Orchester- und Discomusik geboten; schon zum Aperitif geöffnet.

## Marmor

Den Marmorvorkommen der Apuanischen Alpen verdankt **Carrara** 🌒 seine Berühmtheit und die einmalige Kulisse. Eindrucksvoll sind das modernisierte **Museo Civico del Marmo di Carrara** (Viale XX Settembre, Mo–Sa Mai–Sept. 9.30–13, 15.30–18, Okt.–Apr. 9–12.30, 14.30–17 Uhr) und die **Marmorbrüche.** In der **\*Cava Fantiscritti** besucht man das interessante Museum (Tel. 0 58 57 09 81, Sommer tgl. 10–18 Uhr, gratis) mit Souvenirshop. **Lokale Küche mit dem berühmten Lardo,** dem in Marmorwannen gereiften Speck, speist man bei »Venanzio« in Colonnata (4 km östl., Piazza Palestro 3, Tel. 05 85 75 80 62, Do u. So abends geschl. ●●—●●●).

Echt gut!

# An der Costa degli Etruschi

Die Orte entlang der Etruskischen Riviera zwischen Livorno und Populonia sind ideal für einen Badeurlaub. **Alle 7 Gemeinden der Livorneser Küste erhielten 2011 die blaue Flagge** für saubere Strände, gute Wasserqualität und touristische Einrichtungen. Auch **170 km Reitwege sowie Reiterhöfe** bietet die Küste 〉 S. 23.

## Die schönsten Strände der tyrrhenischen Küste

■ Im **Parco Regionale della Maremma** genießt man einen völlig unverbauten, kilometerlangen Sandstrand vor duftender grüner Macchia. 〉 S. 123

■ Unter hohen Schirmpinien, die fast bis ans Wasser reichen, badet man am langen feinsandigen Strand nördlich von **Punta Ala**. 〉 S. 121

■ Ganz weiß leuchtet der Sand an den berühmten **Spiagge bianche** in der Dünenlandschaft in Vada. 〉 S. 119

■ Mit allem Komfort sonnt man sich an dem breiten Sandstrand von **Viareggio**. 〉 S. 113

■ Zur **Buca delle Fate** (Feenloch), ein Kieselstrand in einer verwunschenen Bucht, führt ein 20-minütiger Fußweg durch die Macchia, auf halber Strecke zwischen dem Golf von Baratti und Populonia. 〉 S. 121

■ Leicht zu erreichen ist der feine, helle Sandstrand im **Naturschutzgebiet La Sterpaia** südlich von Piombino auch für Familien mit kleinen Kindern. 〉 S. 121

## Livorno 🔟

Die Stadt (161 100 Einw.) wurde von den Pisanern gegründet und entwickelte sich unter den Medici zu einem der wichtigsten Mittelmeerhäfen. Weite Plätze wie die **Piazza della Repubblica** kennzeichnen das Industriezentrum.

Zwischen der bereits im 11. Jh. begonnenen **Fortezza Vecchia** am Hafen und der erst Ende des 16. Jhs. errichteten **Fortezza Nuova** lädt das pittoreske Viertel **\*Venezia Nuova** mit seinen Kanälen zum Bummeln ein.

Am ersten August-Wochenende findet hier **das einwöchige** **Fest Effetto Venezia** statt, mit Musik, Kultur und Gastronomie.

### Infos

**APT**
Via Peroni 18/20
Tel. 05 86 89 42 36
www.costadeglietruschi.it
(exzellente Website, Infos auch in Dt.)

### Hotel

**Al Teatro**
Via Mayer 42/57
Tel. 05 86 89 87 05
www.hotelalteatro.it
Kleines, sehr stilvolles Haus im Zentrum mit wunderschönem Garten, Zimmer mit antikem Mobiliar.
●●–●●●

### Restaurant

**La Barcarola**
Viale Carducci 39
Tel. 05 86 40 23 67
www.labarcarola.it
Delikate Fischsuppe *Cacciucco,* schöne Gartenterrasse. So geschl. ●●–●●●

# Weinstraße Etruskische Küste

Zwischen Livorno und Piombino entführt die **Strada del Vino della Costa degli Etruschi** in ein Land edler Weine und kulinarischer Genüsse.

## Am Anfang war der Sassicaia

Marchese Mario Incisa della Rocchetta kreierte 1970 auf seinem Gut San Guido in Bolgheri den Sassicaia. Dieser vollmundige Wein mit dem französischen Touch, ein Cabernet, sorgte für Furore in der internationalen Weinszene. Die Weine der ganzen Region erlebten einen Boom und lockten experimentierfreudige italienische Winzer in dieses Anbaugebiet. Inzwischen gedeihen an der Strada del Vino vier verschiedene DOC-Weine mit Herkunftsgarantie: Bolgheri, Bibbona, Montescudaio und Val di Cornia.

■ **Bolgheri DOC Azienda Agricola »La Cipriana«**
57022 Castagneto Carducci
Ortsteil Campastrello 176/B
Tel. 05 65 77 55 68
www.lacipriana.it
Direktverkauf mit angeschlossenem Landhotel. ●●

■ **Montescudaio DOC / La Serra del Pino**
56040 Montescudaio
Ortsteil Le Vedove 2
Tel. 05 86 65 04 37
Direktverkauf und Weinprobe sowie Restaurant. Do–So, im Hochsommer, sonst nur Sa, So. ●

■ **Val di Cornia DOC Tua Rita**
57028 Suvereto
Tel. 05 65 82 92 37
www.tuarita.it
Familienbetrieb im Ortsteil Notri 81, sehr gute Weine (kein Direktverkauf).

■ Die Spitzenweingüter **San Guido (Sassicaia), Ornellaia** und **Le Macchiole** vertreiben nur über den Handel.

## Wein zum guten Essen

Die Weinstraße führt von Cecina auf kurvigen Sträßchen mit Weitblick nach Montescudaio und über das mittelalterliche Bibbona auf die schöne Via Bolgherese. Schilder mit der Aufschrift *Vendita diretta* laden überall zum Verweilen und Probieren ein. Ernsthafte Kaufabsichten sollte man bei einer Verkostung allerdings mitbringen. Fachgeschäfte entlang der Straße bieten die lokalen Produkte und Spezialitäten an. Information und Buchung für Weinproben:

**Consorzio La Strada del Vino**
**57020 Bolgheri**
**Ortsteil San Guido 45**
**Tel. 05 65 74 97 68**
**www.bolgheridoc.com**
**www.lastradadelvino.com**

Im Mai lädt das zweiwöchige Fest »Castagneto a tavola« in **Castagneto Carducci** ❯ S. 119 zu Tisch, gekrönt von einem Bankett auf der Piazza (www.comune.castagneto-carducci.li.it).

Die Route der Weinstraße schlängelt sich dann weiter durch Kastanienwälder zu malerischen Ortschaften wie Sassetta, Suvereto und Campiglia Marittima ❯ S. 120 und schließlich am Rande der Ebene des Flusses Cornia zurück an die Küste.

## Restaurants an der Strada del Vino:

■ **Ristorante Il Frantoio**
**Via della Madonna 9**
**56040 Montescudaio**
**Tel. 05 86 65 03 81**
Lokale Spezialitäten und Weine in gepflegter Atmosphäre. Die Fischgerichte des Kochs Giorgio Scarpa werden an der ganzen Küste gelobt. Di und mittags außer So geschl.
●●–●●●

■ **Ristorante Da Ugo**
**Via Pari 3/a**
**57022 Castagneto Carducci**
**Tel. 05 65 76 37 46**
Gemütliches Altstadt-Restaurant mit hervorragenden Weinen aus der Umgebung. Auf Bestellung wird die seltene Spezialität *Testina di cinghiale* (Kopfsülze vom Wildschwein) zubereitet. Mo geschl. ●●

■ **Ristorante Zi' Martino**
**57022 Castagneto Carducci**
**Ortsteil San Giusto 264/A**
**Tel. 05 65 76 60 00**
**www.zimartino.com**
Stimmungsvolles Landlokal, traditionsbewusster Familienbetrieb mit kleinem Hotel. Mo geschl. ●–●●

■ **Osteria Il Caminetto**
**Piazza S. Francesco 7**
**57028 Suvereto**
**Tel. 05 65 82 81 18**
Zünftiges Lokal mit Pizzeria. Zu empfehlen sind die hausgemachten Nudelgerichte. Mi außer im Hochsommer geschl. ●–●●

## Südlich von Livorno

Für einen Sprung ins kühle Nass eignen sich die Badeorte am Meer: **Vada**, **Cecina** und **Forte di Bibbona**. Vada überrascht mit **feinstem weißen Sand vor kristallinem Meer,** den berühmten *Spiagge bianche. Sand charakterisiert auch den teilweise freien, teilweise mit touristischer Infrastruktur versehenen Strand von **Marina di Bibbona**. In **Cecina** wechseln Sand und dunkle Kieselchen, der Strand vor dem Pinenwald im Süden des Ortes ist frei zugänglich.

### Infos

**Pro loco**
**Piazza Garibaldi 93 ][ 57016 Vada**
**Tel. 05 86 78 83 73**
**www.costadeglietruschi.it**

### Restaurant

**Trattoria La Senese**
**Via Diaz 22 ][ 57023 Cecina**
**Tel. 05 86 68 03 35**
Große, einfache und sehr helle Gaststätte nicht weit vom Bahnhof mit sehr guter Fischküche. Di geschl.

●●—●●●

### Aktivitäten

■ An den *Spiagge bianche in **Vada** trifft sich die **Windsurf-, Surf-, Kite-Surf- und SUP-Szene.** Verleih von Ausrüstung und Kurse: **Zonakite** (**www.zonakite.it**), **Rosa del Tirreno** (**www.rosadeltirreno.it**).
■ **Mountainbike-Fans** finden in Bibbona im Hinterland 19 km Schotterpiste für eine Runde durch den Naturpark Macchia della Magona (Beschreibung: **www.costadeglietruschi.it**).

## *Bolgheri ⓫

Die längste Zypressenallee Italiens (4,8 km) führt hinauf zu dem malerischen Örtchen. Überall signalisiert das Schild »Merende« einen Imbiss, zu dem der lokale Wein besonders gut schmeckt ❯ S. 118.

## Castagneto Carducci ⓬

Eine frühmittelalterlichen **Adelsburg** beherrscht das hübsche Dorf mit herrlichem Blick auf die umliegenden waldreichen Hügel und die sich zum Meer ausbreitende Ebene.

An der Küste ist **Marina di**  **Castagneto Carducci mit seinem flach abfallenden Strand** ideal für Familienferien. Direkt im Zentrum von Marina di Castagneto gibt es Strandbäder mit allem Komfort, südlich und nördlich liegen die freien feinen, kilometerlangen **Sandstrände** vor der Pineta, dem Pinienwald.

### Infos:

**Ufficio Informazione**
**Via della Marina 8**
**57024 Marina di Castagneto**
**Tel. 05 65 74 42 76** (Juni–Sept.).
**www.costadeglietruschi.it**

### Hotel

**Alle Dune**
**Via Milano 14**
**Marina di Castagneto Carducci**
**Tel. 05 65 74 66 11**
**www.alledune.com**
In einem Pinien- und Wacholderhain, Bauten im Mittelmeerstil, Restaurant und breites Fitness- und Fun-Angebot, Pool, Wellness-Bereich. ●—●●

## Ausflug nach *Suvereto und Campiglia Marittima

Eine kurvenreiche, aber gut gewartete Straße mit schönen Ausblicken führt direkt von Castagneto Carducci über den Burgort **Sassetta** nach *Suvereto 🔢, dessen geschlossenes mittelalterliches Ortsbild begeistert. Am Rande der Ebene des Flusses Cornia entlang fährt man weiter in die Kleinstadt **Campiglia Marittima** 🔢 mit dem einzigartigen *Parco Archeominerario San Silvestro** mit mittelalterlicher Bergwerkssiedlung und Minenstollen (www.parchivaldicornia.it).

**Il Canovaccio**
Via Vecchio Asilo 1
Tel. 05 65 83 84 49
57021 Campiglia Marittima
www.locandailcanovaccio.com
Ausgezeichnete Antipasti und Nudelgerichte, Meeresfrüchte, hausgemachte Dolci, mit Terrasse. Nur abends, im Winter Di geschl. ●—●●

## San Vincenzo 🔢

San Vincenzo, einer der belebtesten Badeorte der Etruskischen Riviera, bietet feinen Sand, gute touristische Einrichtungen (auch Hundestrand) und Vergnügungsmöglichkeiten. Besonders schön ist der freie Strand vor dem Steineichenwald im Süden des Ortes, dem **Parco di Rimigliano**. Noch weiter südlich finden Sie kurz vor dem Golf von Baratti den Strand **Riva degli Etruschi** mit allen Annehmlichkeiten. Ca. 6 km südlich

von San Vincenzo existiert eine FKK-Badezone (gelbe Fahne).

**Infos**

**Ufficio Informazione**
Via della Stazione ][ Tel. 05 65 70 15 33
www.costadeglietruschi.it
(Juni–Sept.)

**Hotel**

**Riva degli Etruschi**
Via della Principessa 120
Tel. 05 65 71 96 00
www.rivadeglietruschi.it
Ruhiges Haus mit Wellness-Center, Mini-Club, Pool, Restaurant und Pizzeria. Segel- und Windsurfkurse. ●—●●●

**11** *Golfo di Baratti 🔢
Der wunderschöne Golf von Baratti mit feinem Sandstrand vor Schirmpinien (Strandbar, Duschen, Sonnenschirm- und Bootsverleih) zieht im Sommer Tausende Badegäste an. Eine grüne Wiese samt Spielplatz bietet Ab-

### Inselparadiese

Die sieben Inseln im Toskanischen Archipel, allen voran Elba und Giglio, sind zu jeder Jahreszeit ein Paradies für Erholungsbedürftige. Das mediterrane Ambiente mit herrlichen Stränden, türkisblauen Buchten und größtenteils unberührter Natur rundet ein vielseitiges Sport- und Freizeitangebot ab. Bootsausflüge nach Pianosa, Capraia und Giannutri kann man in Elbas Häfen buchen. Infos: **APT Portoferraio**, Viale Elba 4, 57037 Portoferraio, Tel. 05 65 91 46 71, www.aptelba.it

wechslung für die Kleinen. Am Golf von Baratti liegen auch sehr bedeutende **\*etruskische Nekropolen** (März–Mai, Okt. Di–So 10–18, Juni–Sept. bis 19, Juli, Aug. tgl. 9.30–19.30, Nov.–Feb. Sa, So, Fei 10–17 Uhr). Vom Kastell des Städtchens **Populonia** genießt man  **die herrliche Aussicht aufs Meer.**

Seit Etruskerzeiten bis in die Gegenwart spielt die Eisenverhüttung in dieser Gegend eine große Rolle, wie man im weiter südlich gelegenen **Piombino 17** sehen – und riechen! – kann. Interessierte finden hier ein exzellentes kleines **\*Archäologisches Museum** (März–Mai, Okt. Sa, So, Fei 10 bis 13, 15–19, Juni, Sept. Di–So 10 bis 13, 15–19, Juli, Aug. Di–So 10 bis 13, 16–20 Uhr; sonst nach Voranmeldung Tel. 05 65 22 64 45).

### Verkehr

Von Piombino gehen tgl. Fähren nach Elba. Infos und Reservierung: www. mobylines.de, www.toremar.it (nur Ital.), www.blunavy.com (auch Engl.)

### Aktivitäten

■ Gratis besichtigt man das **Naturschutzgebiet \*La Sterpaia** im Süden Piombinos zwischen Torre del Sale und Torre Mozza mit feinem hellen **\*Sandstrand**; gut geeignet für eine Familienwanderung mit Sprung ins Wasser (www.parchivaldicornia.it).

■ Zwischen dem **Golf von Baratti** und **Populonia** liegt die verwunschene Bucht Buca delle Fate (Feenloch) mit Kieselstrand. Nach einem 20-minütiger Marsch durch die Macchia erreicht man die Bucht.

Nekropole in Populonia

# Die Maremma

## Follonica 18

Hier beginnt die Maremma. Im Süden des Badeorts (22 100 Einw.) erstrecken sich feine Badebuchten und ein kilometerlanger **\*Sandstrand** vor einem Pinienwald – die ins Meer vorspringende Landzunge **Punta Ala 19** mit dem gleichnamigen noblen Retortenort an ihrer Spitze lädt zum Wasserspaß ein (www.puntaala.net).

### Infos

**Proloco Follonica**
**Via Roma 51** ][ **Tel. 0 56 65 20 12**
**www.prolocofollonica.it**

## \*Massa Marittima 20

Wer die zentrale Piazza der kleinen Stadt bei Sonnenuntergang erlebt hat, kommt sicher wieder! Die Stadt verdankt ihren Aufstieg den Mineralienvorkommen der **Colline Metallifere**. Im 16. Jh. brachte die Malaria den Nieder-

Um die Piazza gruppiert sich die Altstadt von Massa Marittima

gang Massa Marittimas, den im 19. Jh. die Trockenlegung der Sümpfe und die Wiederinbetriebnahme der Bergwerke beendeten. Dieser Phase des Geldmangels verdankt die Stadt ihren hinreißenden Charakter, da man die Bausubstanz nicht veränderte: Die untere **Città Vecchia** prägte das 11. bis 13., die obere **Neustadt** das 13./14. Jh.

Die **\*Piazza Garibaldi** ist einer der spektakulärsten Plätze der Toskana. **Loggia del Comune, Palazzo Comunale** gegenüber, **Palazzo del Podestà** (mit archäologischem Museum) und der 1228 begonnene **\*Dom** – ein perfektes Ensemble umrahmt die Piazza. In der Neustadt beeindrucken Reste der Sieneser Festung (14. Jh., besteigbarer Aussichtsturm), das Bergbaumuseum **Museo d'Arte e delle Miniere** mit Museumsstollen sowie **eine alte Ölmühle und Schreinerei** (April–Okt. 10.30 bis 13, Mitte Juli–Aug. auch 15.30 bis 18 Uhr; Schreinerei Juni–Sept. Di bis So 10–19 Uhr, www.massama

**Echt gut!**

rittimamusei.it, sonst nach Voranmeldung Tel. 05 66 90 22 89).

**Infos**

**Alta Maremma Turismo (AMATUR)**
Via Todini 3/5 ][ Tel. 05 66 90 27 56
www.altamaremmaturismo.it

**Hotel**

**Il Sole**
Via della Libertà 43
Tel. 05 66 90 19 71
www.ilsolehotel.it
50 stilvolle Zimmer in einem mittelalterlichen Gebäude. ●●–●●●

**Restaurant**

**Il Pungolo**
Via Valle Aspra 12
Tel. 05 66 90 25 85
Nette Osteria. Meeresküche oder deftiges Fleisch. Mi im Winter und mittags geschl. ●–●●

## Grosseto 21

Das Zentrum der Maremma mit knapp 82 000 Einw. hat ein modernes Stadtbild, umgeben von den Mauern aus der Medici-Zeit. Den Besuch lohnt das etruskische **\*Museo Archeologico e d'Arte della Maremma** (Piazza Beccarini, Tel. 05 64 48 87 50, April–Okt. Di–Sa 10–19, So, Fei 10–13, 17 bis 19, Nov.–März Di–Sa 9–17, So, Fei 10–13, 16–19 Uhr).

### Infos

**APT Grosseto**
Viale Monterosa 206
Tel. 05 64 46 26 11
www.turismoinmaremma.it

### Hotel

**Hotel Maremma**
Via F. Paolucci de Calboli 11
Tel. 0 56 42 22 93
www.hotelmaremma.it
Hotel in der Fußgängerzone (Autos können anfahren), 30 helle Zimmer (Klimaanlage); Restaurant »Maremma« nebenan, Küche der Region.
●—●●

## Ausflug nach Castiglione della Pescaia 22

Die herrliche **\*Pineta del Tombolo,** ein Schirmpinienwald an

der Küste, liegt zwischen **Marina di Grosseto** mit schönen Sandstränden und dem Badeort **Castiglione della Pescaia,** der mit einem pittoresken Hafenkanal und einer mittelalterlichen Oberstadt, **\*Castiglione Castello,** aufwartet. Castiglione hat seit Jahren mit das sauberste Badewasser der Toskana.

### Hotel

**Riva del Sole**
Ortsteil Riva del Sole
Tel. 05 64 92 81 11
www.rivadelsole.it
Hotelanlage im Pinienhain, auch Apartments, Windsurf- und Segelschule am Privatstrand, Pool, Restaurant. April–Mitte Okt. ●●

## Ausflug zu den Etruskern

Die sehenswerten Ausgrabungen von **\*Roselle 23** haben auch Reste römischer Bauten freigelegt, darunter ein Tempel und eine Basilika (tgl. ab 8.30, Mai–Aug. bis 19, März, April, Sept., Okt. bis 18.30, Nov–Feb. bis 17.30 Uhr).

---

## Die Maremma

Der Name (von »Marittima« – am Meer) bezeichnete nach dem Verfall der etruskischen Entwässerungsanlagen bis ins 19. Jh. ein durch Malaria und Piratenüberfälle entvölkertes Sumpf- und Hügelgebiet. Erst die Trockenlegung der Sümpfe im 19. Jh. ließ die »butteri« (die Cowboys der Toskana) mit ihren Rinderherden zurückkehren. – Die Maremma mit ihrer einzigartigen Flora und Fauna lernt man im **\*Parco Regionale della Maremma** mit dem wunderschönen unverbauten **\*Sandstrand** kennen. Besucherzentrum in Alberese, auch Führungen, Tel. 05 64 40 70 98, www.parco-maremma.it.
    Am südlichen Eingangstor zum Park, in Talamone, trifft sich die Kite-Surf-Szene (Ausrüstung und Kurse: www.twkc.it, www.kitesurfuniversity.com).

Wer noch mehr Lust auf etruskische Kultur hat, der findet sie 22 km weiter westlich in **Vetulonia** 24 mit den prachtvollen *Tumulusgräbern (gratis).

## Rund um den *Monte Argentario 25

Eine reizvolle Rundfahrt mit traumhaften Ausblicken auf das Meer bietet der Monte Argentario. Die ehemalige Insel verbinden drei sandige Landzungen mit dem Festland (12 km).

Die hübschen Städte **Orbetello**, **Porto Ercole** und **Porto Santo Stefano** weisen Überreste spanischer Festungen auf; der Monte Argentario gehörte 1555–1708 zum spanisch beherrschten *Stato dei Presidi*. Im letzten Badeort der südlichen Toskana, **Ansedonia** 26, liegen am Wasser **Überreste der etruskischen und römischen Anlagen des antiken Cosa.**

### Infos

**Infobüro**
Piazza della Repubblica 1
58015 Orbetello ][ Tel. 05 64 86 04 47
www.proloco-orbetello.it
www.ansedoniaonline.it

### Verkehrsmittel

Tgl. Schiffe von Porto Santo Stefano zu den Inseln Giglio (www.toremar. it) und Giannutri (www.maregiglio.it).

### Hotel

**Hotel La Caletta**
Via G. Civinini 10
58019 Porto Santo Stefano
Tel. 05 64 81 29 39
www.hotelcaletta.it

Direkt am Meer, renovierte Zimmer, Privatstrand, Panoramarestaurant und Tauchzentrum. ●●

### Restaurant

**I Pescatori**
Via Leopardi 9 ][ 58015 Orbetello
Tel. 05 64 86 06 11
Exzellente Fischgerichte bei schlichtem Service in den ehemaligen Stallungen der Festung. Hochsommer abends tgl., sonst nur Sa, So mittags u. abends. ●●

## *Pitigliano 27

Den kleinen Ort muss man von der Kirche **Madonna delle Grazie** aus betrachten: von hier hat man den besten Blick auf die einmalige Silhouette. Der großartige **Orsini-Palast**, der das archäologische und das Museum für liturgische Kunst beherbergt, sowie die mittelalterlichen Gassen in der *Altstadt, die auf den etruskischen Höhlen, Kellern und Gräbern entstand, verleihen dem Ort besonderen Charakter. Und: Der Bianco di Pitigliano ist ein hervorragender Wein!

Einen eindrucksvollen *Spaziergang in den Tuff-Untergrund und die einstige jüdische Welt Pitiglianos erlebt man beim Besuch der **Synagoge** und des **Museo Ebraico** (So–Fr April–Sept. 10–13.30, 14.30–18.30 Uhr, Okt.–März 10–12.30, 15–17.30 Uhr).

### Infos

**Ufficio Informazioni**
Piazza Garibaldi 51
Tel. 05 64 61 71 11 (z. Zt. geschl.)
www.lamaremma.info
www.parcodeglietruschi.it

Gute Karten zu den etruskischen Höhlenwegen *(Vie cave)* der Umgebung.

### Hotel

**Albergo Guastini**
**Piazza Petruccioli 4**
**Tel. 05 64 61 60 65**
**www.albergoguastini.it**
Nettes Altstadthotel in Panoramalage, 30 Zimmer unterschiedlicher Kategorien und Restaurant mit Küche der Region. ●

### Shopping

**Narcisi e Bussi**
**Via Santa Chiara 70**
**www.narcisiebussi.com**
Weinauswahl und Spezialitäten der Maremma, am Eingang zur Altstadt.

## Ausflug nach *Sorano, *Sovana und Saturnia

Das Etruskerstädtchen **Sorano** 🔲, auf einem Tuffplateau gelegen, bietet eine sehenswerte *Orsini-Burg** und enge Gässchen in der Altstadt. In **Sovana** 🔲 stehen alle Sehenswürdigkeiten an einer Straße, die sich im Zentrum zur Piazza erweitert. Der herrliche romanische *Dom** liegt außerhalb.

In der etruskischen *Totenstadt** (ca. 1 km in westlicher Richtung an der Straße nach San Martino sul Fiora) herrscht dank der üppigen Vegetation ein ganz eigenes Flair, sie erinnert an südamerikanische Tempelanlagen im Dschungel. Wanderwege führen zu den Gräbern. Bei den kleinen Wasserfällen *Cascate del Mulino** in **Saturnia** 🔲 vergnügen sich Tag (und Nacht) Menschenmassen gratis in den 37,5 °C warmen

Sorano mit der Orsini-Burg

Travertinbadewannen. Stilvoll badet man in den Thermalbecken des Nobelhotels »Terme di Saturnia« (Tel. 05 64 60 01 11).

### Hotels

■ **Hotel della Fortezza**
**Piazza Cairoli 5** ][ **58010 Sorano**
**Tel. 05 64 63 20 10**
**www.fortalezzahotel.it**
In der mächtigen Orsini-Burg ganz romantisch schlafen. ●●
■ **Albergo Scilla**
**Via Rodolfo Siviero 3**
**58010 Sovana** ][ **Tel. 05 64 61 65 31**
**www.albergoscilla.com**
In drei Gebäuden aus dem Mittelalter, stilvoll eingerichtet, schöne Schmiedeeisenbetten. ●—●●

### Restaurant

**La Taverna Etrusca**
**Piazza Pretorio 16** ][ **58010 Sovana**
**Tel. 05 64 61 65 31**
**www.tavernaetrusca.com**
Küche der Maremma modern interpretiert in historischen Räumen. Mi sowie Mo–Fr mittags geschl. ●●

# *Arezzo und das Aretino

## Nicht verpassen!

- Am ersten Wochenende im Monat den Antiquitätenmarkt in Arezzo besuchen
- In Cortona den herrlichen Panoramablick von der Basilika Santa Margherita aus genießen
- In Stia auf der Piazza Tanucci unter den Laubengängen sitzen
- Die feinen Stoffe und Tuche von Busatti in Sansepolcro bewundern
- Durch den jahrhundertealten Wald bei der Abtei von Camaldoli wandern

# Zur Orientierung

Arezzo und das Aretino, die östlichste Provinz der Toskana, liegen ein wenig abseits des großen Touristenstroms. Wer sich Zeit nimmt, lernt neben großartiger Kunst eine geschützte, unberührte Berglandschaft im Naturpark Foreste Casentinesi-Monte Falterona-Campigna kennen. **Arezzo,** die malerisch am Oberlauf des Arno gelegene traditionsreiche Handwerkerstadt, genießt bei Kunstfreunden einen besonderen Ruf durch den Renaissance-Maler Piero della Francesca, dessen wundervoller Freskenzyklus in der Kirche San Francesco zu bestaunen ist. Piero hinterließ auch in seinem Heimatort Sansepolcro im Tiber-Tal und dem nahen Monterchi erstklassige Fresken. Im Süden des **Aretino** rahmen Hügel mit Panoramaaussicht das breite Chiana-Tal. Schon die Etrusker erkannten die strategisch günstige Lage Cortonas, heute eine mittelalterlich geprägte Stadt, die weit nach Umbrien hinein, bis zum Trasimener See blickt. Renaissance-Kunst und Zeugnisse der etruskischen Kultur beherbergen Cortonas Museen. Folgt man von Arezzo dem Lauf des Arno flussaufwärts, erreicht man das Casentino, die Bergwelt zwischen den Gebirgsrücken des Pratomagno im Westen und den Serra- und Catenaia-Alpen im Osten. Dieser vom Tourismus noch wenig berührte Teil der Toskana wartet mit dichten Kastanienwäldern, im Sommer mit angenehmen Temperaturen (gut für Picknicks geeignet!) und den beiden berühmten Abteien La Verna und Camaldoli sowie den einladenden Orten Poppi und Stia.

## Tour in der Region

### Pieros Fresken und die Bergwelt des Casentino

**⟶⑫⟶** **Arezzo › Monterchi › Sansepolcro › Chiusi della Verna › Poppi › Stia › Camaldoli**

**Dauer:** 5–6 Tage; 151 km
**Praktische Hinweise:** Alle Orte der Provinz Arezzo werden zwar von Überlandbussen angefahren (www.etruriamobilita. it). Für ein unabhängigeres Reisen ist jedoch ein Auto sinnvoll, da die Busse tagsüber selten und abends gar nicht verkehren. Beim Antiquitätenmarkt am 1. Wochenende im Monat ist Arezzo sehr voll. Denken Sie in den Bergen auch im Sommer an warme Kleidung und festes Schuhwerk!

Der internationale Antiquitätenmarkt von Arezzo ist der größte in der Toskana

Die **Fresken Piero della Francescas in der Kirche **San Francesco bilden den Auftakt eines
Besuchs in *Arezzo › S. 129. Die
romanische **Pieve di Santa Maria, die weite *Piazza Grande, die
herrlichen *Glasfenster im *Dom,
ein Spaziergang durch den Stadtpark, die Besichtigung der *Casa
di Giorgio Vasari und nicht zu-
letzt die wunderschönen *Vasi
Aretini im Archäologischen Museum: Ein Tag in Arezzo vergeht
viel zu schnell. Am nächsten Morgen führt der Weg über bewaldete
Hügelketten hinüber in das winzige **Monterchi › S. 136 im Tiber-
Tal zu Piero della Francescas

schwangerer *Madonna, einem
wundervollen Fresko, und anschließend ins reizende *Sansepolcro › S. 135. Hinter der hohen Stadtmauer lassen Sie sich
von den **Meisterwerken Piero
della Francescas im *Museo Civico anrühren, um dann vielleicht
bei Busatti traumhaft schöne Stoffe zu erwerben. Am Folgetag führt
die Fahrt am **Lago di Montedog-
lio** entlang über **Pieve Santo Stefano** nach **Chiusi della Verna**
› S. 136. Auf 1129 m, umgeben
von der mystisch anmutenden
Stille des Bergwaldes, besichtigt
man das von Franz von Assisi
errichtete **Kloster La Verna**

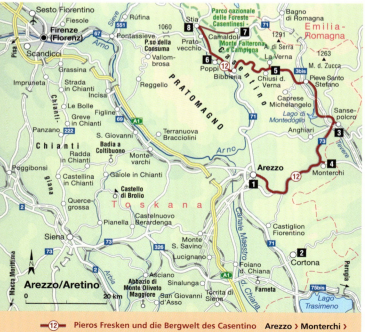

> S. 136. Der Wald lädt zu Wanderungen ein. Sie übernachten in einem der Agriturismus-Betriebe der Gegend, um am nächsten Tag das reizvollen **\*Poppi** > S. 136 zu erkunden, wo Sie die **\*Adelsburg** der Grafen Guidi fotogen am Hügel erwartet. Für Familien mit Kindern bietet sich ein Ausflug zum **Zoo della Fauna Europea** an > S. 20. 2 km von **Pratovecchio** bestaunen Sie die einsam im Tal liegende romanische Kirche **\*\*San Pietro in Romena,** bevor Sie in den schönsten Ort des Casentino, nach **\*Stia** > S. 138, weiterreisen. Am folgenden Tag wandeln Sie unter den Laubengängen an der Piazza Tanucci, erkunden die Sehenswürdigkeiten des Städtchens, speisen direkt am Arno. Der Nachmittag bietet Gelegenheit für einen Ausflug auf 816 m zum **\*Kloster und zur Einsiedelei** von **\*Camaldoli** > S. 137. Nach der Besichtigung können Sie durch die **\*Foresta di Camaldoli** wandern und in der Foresteria des Klosters sogar übernachten > S. 138.

# Unterwegs in der Region

## \*Arezzo ❶

Von »unten nach oben« schlendert man durch Arezzo: der Corso Italia, die Einkaufs- und Flaniermeile, führte bereits um 1200 als wichtigste Ader in Richtung Norden zum politischen und geistigen Zentrum der Stadt.

Autofahrer finden einen großen, kostenfreien Parkplatz nördlich des Doms > S. 132, mit Rolltreppe ins Zentrum. Vom Bahnhof erreicht man alle Sehenswürdigkeiten zu Fuß.

### Museo Archeologico Ⓐ

Beginnen Sie ganz unten am Corso, wenige Meter rechts mit dem **Amphitheater** und dem didaktisch sehr gut aufgebauten **Museo Archeologico** in einem Klosterbau gleich nebenan – empfehlenswert v.a. wegen der zart dekorierten korallenfarbigen **\*Vasi aretini** (tgl. 8.30–19.30 Uhr).

### \*\*San Francesco Ⓑ

Nur wenige Schritte links vom Corso wartet die Hauptsehenswürdigkeit Arezzos, die Kirche San Francesco.

**12** Berühmt ist der Bettelordensbau aus dem 13. Jh. für Piero della Francescas **\*\*Fresken in der Hauptchorkapelle**. Der um 1420 in Sansepolcro > S. 135 geborene Künstler, zählt zu den herausragenden Malern seiner Epoche in Italien, und die »Legende vom Kreuz Christi« bildet einen der vollkommensten Freskenzyklen, nicht nur der Renaissance-Malerei. Im Mittelpunkt der Legende steht der

Zentrum des städtischen Lebens in Arezzo ist die Piazza Grande

Traum Kaiser Konstantins, der ihm den Sieg über Maxentius vorhersagt, falls Konstantin den Kampf im Zeichen des Kreuzes führt. Die Szene mit den »Traum Konstantins« ist eine der ersten

### Aus der Stadtgeschichte

Schon in etruskischer Zeit war Arezzo einer der mächtigsten Orte des Zwölfstädtebundes und erlebte auch nach der Eroberung durch die Römer 294 v. Chr. eine Blütezeit – das große Amphitheater zeugt davon. Im Mittelalter schwächten innere Zwistigkeiten sowie Kämpfe mit Siena und Florenz die Kommune. 1384 fiel Arezzo schließlich durch Verkauf an Florenz. Erst im 20. Jh. gewann die Stadt wirtschaftlich wieder an Bedeutung. Heute ist Arezzo (100 200 Einw.) das wichtigste Zentrum der Goldverarbeitung in Italien.

Nachtszenen in der Malerei. Von 1985 bis 2000 wurde der Zyklus aufwendig restauriert (Kartenvorbestellung empfohlen wg. beschränkter Besucherzahlen: Tel. 05 75 35 27 27, oder Ticketbüro rechts von der Kirche, Sommer Mo–Fr 9–18.30, Sa 9–17.30, So 13–17.30 Uhr, Winter Mo–Fr 9 bis 17.30, Sa 9–17, So 13–17 Uhr; www.pierodellafrancesca.it).

## **Pieve di Santa Maria

Man folgt wieder dem Corso und wird nicht umhinkommen, **in das eine oder andere Schmuckgeschäft zu schauen.**

So erreicht man die Pieve di Santa Maria, die zu den schönsten romanischen Bauten der Toskana zählt. Beeindruckend sind ihre *Fassade und der Campanile, genannt Turm der hundert Löcher (in Wirklichkeit sind es 40 Biforien, also 80 Löcher).

## *Piazza Grande ❶

Typisch mittelalterliche Läden säumen den Weg vom Corso Italia zum »Großen Platz«, Zentrum des städtischen Lebens seit dem 13. Jh. Die Piazza Grande ist auch Schauplatz der **Giostra del Saracino,** eines historischen Ritterturniers ❯ S. 35. Trotz oder gerade wegen der verschiedenartigen Baustile der ihn einrahmenden Gebäude wirkt der Platz als grandiose Einheit. Neben der Apsis der romanischen Pieve steht der Justizpalast aus dem 17. Jh., an den sich der *Palazzo della Fraternità dei Laici ❺ anschließt. Dem gotischen Untergeschoss (1375–77) fügte Bernardo Rossellino 1434 den oberen Teil im Frührenaissance-Stil hinzu. Den Glockenturm entwarf im 16. Jh. Giorgio Vasari ❯ S. 133, ebenso wie den imposanten *Palazzo delle Logge ❻, auch Vasari-Loggien genannt.

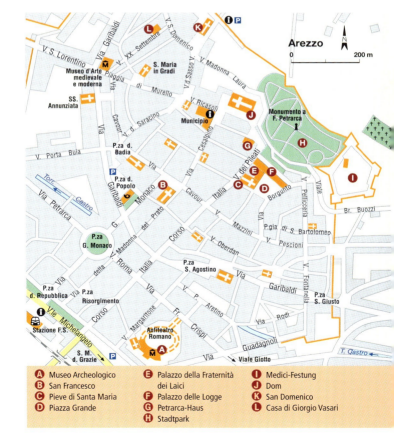

| | | |
|---|---|---|
| ❹ Museo Archeologico | ❺ Palazzo della Fraternità dei Laici | ❶ Medici-Festung |
| ❷ San Francesco | | ❶ Dom |
| ❸ Pieve di Santa Maria | ❻ Palazzo delle Logge | ❻ San Domenico |
| ❹ Piazza Grande | ❼ Petrarca-Haus | ❶ Casa di Giorgio Vasari |
| | ❽ Stadtpark | |

## Shopping

In den teils recht urigen Läden an der Piazza Grande findet man das ganze Jahr über **Antiquitäten,** nicht nur am 1. Wochenende im Monat beim größten Antikmarkt Italiens › S. 133.

## Von der Hügelkuppe in die westliche Altstadt

Fast ganz oben am Corso Italia liegt das **Geburtshaus Francesco Petrarcas** , einer der bedeutendsten italienischen Dichter (1304–74).

Im nahe gelegenen **Stadtpark** kann man unter schattigen Bäumen eine Pause einlegen,

### Ausgewählte Antik- und Kunsthandwerksmärkte

■ Ganz **Arezzo** verwandelt sich bei der **Fiera Antiquaria** in einen riesigen Antiquitätenmarkt. › S. 133

■ Rund um den Dom findet der **Mercato Antiquario** im heiteren **Lucca** statt, der Kunsthandwerksmarkt auf der Piazza S. Giusto. › S. 112

■ Die Piazza Grande ist Schauplatz des Antiquitäten- und Kunsthandwerksmarkts in **Montepulciano.** › S. 95

■ **Antiquario** und Kunsthandwerk gibt es auch in **Pietrasanta.** › S. 114

■ Jedes 2. Wochenende findet der Markt für Antiquitäten und Kunsthandwerk in **Pisa** statt. › S. 108

■ **Fierucola** und **Collezionare in Piazza** sind die sehenswerten Märkte in **Prato.** › S. 66

■ Antiquitäten und Trödel sowie Kunsthandwerk findet man auch im Trüffelstädtchen **San Miniato.** › S. 85

ein Kiosk bietet kühle Getränke. Wer durch den weitläufigen Park bis zu den Resten der Anfang des 16. Jhs. erbauten **Medici-Festung** spaziert, wird mit einem herrlichen *Panoramablick belohnt.

## *Dom

**Das Schönste am gotischen Dom sind seine *Glasfenster,** 1518–24 geschaffen von Guillaume de Marcillat, der auch in anderen Aretiner Kirchen arbeitete, z.B. San Francesco und SS. Annunziata. Das große Rundfenster mit dem »Pfingstwunder« in der Fassade sowie v.a. die Fenster mit der »Auferweckung des Lazarus« und der »Vertreibung der Händler aus dem Tempel« erzählen in leuchtenden Farben biblische Geschichten, die in die Renaissance-Architektur der Zeit gestellt sind.

Und auch der Dom birgt ein Werk Piero della Francescas: Das kostbare Fresko der *Hl. Magdalena** neben der Sakristeitür kann man sich in Ruhe ansehen, im Gegensatz zu den Fresken in **San Francesco › S. 129. Das eindrucksvolle **Grabmal** daneben ließ sich der Bischof und Stadtherr Guido Tarlati (1328) errichten.

Sieht sie nicht schön alt aus, die **Cappella della Madonna del Conforto?** Was so uralt wirkt, entstand erst Ende des 18. Jhs. im historisierenden Stil. Wirklich aus der Renaissance stammen hingegen die herrlichen Terrakotta-Arbeiten von Andrea della Robbia.

## *San Domenico Ⓚ

Zu den beeindruckendsten Bettelordenskirchen der Toskana gehört dieser 1275 im gotischen Stil begonnene Kirchenbau, der die einladende gleichnamige Piazza abschließt. In seiner Schlichtheit großartig wirkt der einschiffige Innenraum mit dem offenen Dachstuhl. Der schöne Freskenschmuck stammt aus dem 14./15. Jh., das **\*Kruzifix** über dem Hauptaltar ist ein Frühwerk von Cimabue (um 1260/70) – es wurde jüngst mit großem Aufwand restauriert.

## *Casa di Giorgio Vasari Ⓛ

1540 kaufte Vasari dieses Haus, das sein Refugium von den Bürden des Alltags in Florenz werden sollte. Er dekorierte eigenhändig einige Räume mit mythologischen Szenen im manieristischen Kunstgeschmack seiner Zeit (Mo, Mi–Sa 8.30–19, So, Fei 8.30–13 Uhr).

### Giorgio Vasari

Der berühmte Sohn Arezzos, Giorgio Vasari (1511–1574), schuf mit seinen 1550 publizierten Viten von herausragenden Malern, Bildhauern und Architekten, darunter Leonardo da Vinci, Raffael, Michelangelo, das erste wissenschaftliche Werk der Kunstgeschichtsschreibung. Selbst Maler und Architekt, wirkte er in seiner Geburtsstadt und in Florenz. Als Baumeister des Medici-Großherzogs Cosimo I. errichtete er dort die berühmten Uffizien. ❯ S. 50

❯ S. 50

### Infos

**Benvenuti ad Arezzo**
**Piazza della Libertà 1**
**Tel. 05 75 37 76 78**
www.apt.arezzo.it
www.benvenutiadarezzo.it

### Hotels

■ **Continentale**
**Piazza Guido Monaco 7**
**Tel. 0 57 52 02 51**
www.hotelcontinentale.com
Elegantes Traditionshotel in Altstadtnähe, über 70 komfortabel ausgestattete Zimmer. ●●

■ **Cecco**
**Corso Italia 215** ][ **Tel. 0 57 52 09 86**
www.hotelcecco.com
Modernes Haus an der Flaniermeile, im Restaurant traditionelle Küche. ●

### Restaurants

■ **La Lancia d'Oro**
**Piazza Grande** ][ **Tel. 0 57 52 10 33**
Am Hauptplatz unter den Loggien Vasaris, gute aretinische Küche. Mo geschl. ●●–●●●

■ **La Torre di Gnicche**
**Piaggia San Martino 8**
**Tel. 05 75 35 20 35**
Sympathische Enothek beim Hauptplatz, gute Grappe, einheimische Gerichte. Mi geschl. ●–●●

Echt gut!

### Shopping

■ Die **Fiera Antiquaria** am 1. Sa/So im Monat ist der größte Antiquitätenmarkt der Toskana. Das gesamte Stadtzentrum von Arezzo ist Verkaufsfläche.

■ **Fattoria La Vialla**
**Via di Meliciano 26**
**52029 Castiglion Fibocchi**
**Tel. 05 75 47 77 20**
www.la-vialla.com

Verkauf und Versand von Öl, Wein, Pecorino u.a. eigenen Produkten der familiengeführten, ökologisch bewirtschafteten Fattoria (ca. 12 km nordwestl. von Arezzo). Man kann auch Landhäuser mieten; in Seen baden, reiten und Fahrräder leihen.

# *Cortona ❷

Die einst mächtige Etruskerstadt bezaubert Besucher mit ihrer mittelalterlichen Altstadt: Vom 494 m hoch gelegenen Cortona eröffnen sich traumhafte Aussichten über das Chiana-Tal, aus dem die Chianina-Rinderrasse für die ausgezeichnete *Bistecca* kommt, die man alljährlich am 14./15. August bei der **Sagra della Bistecca** (Fest des Steaks) kosten kann.

**Echt gut!**

In den vier Stockwerken des **\*Museo dell'Accademia Etrusca** (Palazzo Pretorio) sieht man den berühmten, 16 Lucernare tragenden etruskischen **\*Bronzeleuchter** aus dem 4. Jh. v. Chr., der fast 60 Kilo wiegt, ägyptische Mumien, Bucchero-Gefäße, langobardische Gewandfibeln und auch ein Madonnenbildnis von Pinturicchio (Sommer tgl. 10–19, Nov. bis März tgl. außer Mo 10–17 Uhr, Sammelticket mit Museo Diocesano). An der zentralen **Piazza della Repubblica** sitzen die Besucher am liebsten auf der großartigen Freitreppe und bewundern den zinnenbekrönten Turm des **Palazzo Comunale**. Man spaziert von hier am besten zur **Piazza della Pescaia**, die den Aufstieg in den pittoresken **oberen \*Stadtteil** lohnt. Hier wartet die Kirche **San**

**Niccolò** (15. Jh.) mit einem eleganten Portikus auf. Ein steiler, zypressengesäumter Weg führt weiter hinauf zur etwas protzigen Basilika **Santa Margherita,** die der Stadtheiligen von Cortona geweiht ist. **Das herrliche \*\*Panorama** reicht hier bis zum Trasimenischen See!

**Echt gut'**

Der berühmteste Sohn der Stadt ist der Maler Luca Signorelli (um 1445–1523), dessen Werke im **\*Museo Diocesano** zusammen mit der **\***»Verkündigung« (um 1433) von Fra Angelico zu den Hauptsehenswürdigkeiten Cortonas zählen (geöffnet wie Museo dell'Accademia Etrusca).

Die schönste Kirche von Cortona, **\*Madonna del Calcinaio,** liegt 2,5 km außerhalb Richtung Camucia. Der Renaissancebau von Francesco di Giorgio Martini besticht durch klare Linien (tgl. 16–19 Uhr, gratis).

## Infos

### Ufficio Informazioni Turistiche
**Piazza Signorelli 9**
**Tel. 05 75 63 72 23**
**www.apt.arezzo.it**

## Hotels

■ **Farneta**
**Tel. 05 75 61 02 41**
**Ortsteil Farneta 3**
**www.hotelfarneta.it**
Modernes Hotel bei der Abtei von Farneta, ruhig im Grünen gelegen, gute Küche mit eigenen Produkten. ●●

■ **San Luca**
**Piazza Garibaldi 1**
**Tel. 05 75 63 04 60**
**www.sanlucacortona.com**

Modern ausgestattete Zimmer, am Rand des Centro Storico, schöne Aussichtsterrasse. ●●

### Restaurants

■ **Taverna Pane e Vino**
**Piazza Signorelli 27**
**Tel. 05 75 63 10 10**
Enothek im Keller eines alten Palazzo; über 900 Weine, kleine wohlschmeckende Gerichte, im Sommer auch draußen. Mo geschl. ●—●●

■ **La Grotta**
**Piazza Baldelli 3**
**Tel. 05 75 63 02 71**
Typisches kleines Familienlokal, man genießt toskanische Küche. Di geschl. ●

### Shopping

Schwelgen können Antiquitätenfreunde in Cortona Ende Aug./Anfang Sept. auf der **Cortona antiquaria,** bei der es zwei Wochen lang antike Möbel zu kaufen gibt.

cht gut!

## *Sansepolcro ❸

Einige der bedeutendsten Werke hinterließ der Maler Piero della Francesca in seinem reizenden Heimatort im Tiber-Tal. Mächtige *Mauern und eine *Festung aus dem 16. Jh. an der Nordostecke beschützen das Viereck der schachbrettartig angelegten Altstadt. Zwischen 1415 und 1420 wurde hier Piero della Francesca, der große Renaissancekünstler, geboren. Paläste aus dieser Epoche und im manierstischen Stil schmücken die *Innenstadt, auch blieben einige mittelalterliche Wohntürme erhalten.

Auferstehung von Piero della Francesca

Der Palazzo della Residenza an der Piazza Garibaldi ist Sitz des *Museo Civico mit seinen wunderschönen Gemälden, vor allem den **Werken Pieros (tgl. Mitte Juni–Mitte Sept. 9.30–13.30, 14.30–19, sonst 9.30–13, 14.30 bis 18 Uhr).

### Hotel und Restaurant

**Fiorentino**
**Via Luca Pacioli 56**
**Tel. 05 75 74 03 50**
www.albergofiorentino.com
Angenehmes Hotel im Herzen des Ortes, mit vorzüglichem Restaurant (●—●●), gepflegte Regionalküche. ●

### Shopping

■ **Enoteca Guidi**
**Via Pacioli 44** ][ **Tel. 05 75 74 10 86**
Große Weinauswahl, Pilze, Trüffel, Käse- und Salamispezialitäten. Man kann hier auch probieren. Mi geschl.

■ **Busatti**
**Via Piero della Francesca 48/A**
www.busattitessuti.it

Die traditionsreiche Weberei produziert erlesene Stoffe in ausgezeichneter Qualität für Betten und Kissen, Handtücher und Tischwäsche.

# Ausflug nach Monterchi 4

Das 15 km von Sansepolcro entfernte Örtchen Monterchi besucht man, um ein absolutes Meisterwerk Piero della Francescas in dem eigens dafür eingerichteten Museum zu bewundern: das Fresko der *Madonna del Parto (»schwangere Muttergottes«) mit der statuengleichen, wie aus Stein gemeißelt wirkenden Madonna besticht durch seine perfekte Symmetrie (April–Okt. tgl. 9–13, 14–19, Nov.–März tgl. 9–13, 14 bis 17 Uhr).

## Restaurant

**Locanda al Castello di Sorci**
**52031 Anghiari**
**Ortsteil San Lorenzo**
**Tel. 05 75 78 90 66**
Landgasthof, etwa 7 km nördlich von Monterchi Richtung Anghiari, in traumhaft schöner Lage, traditionelle toskanische Küche. Mo geschl. ●

# Chiusi della Verna 5

Der südlichste Punkt des Nationalparks Foreste Casentinesi schließt gerade noch das *Santuario La Verna ein. Oberhalb des kleinen Dorfes Chiusi della Verna, in einem Bergmassiv zwischen dem Arno- und dem Tiber-Tal, errichtete der hl. Franz von Assisi ab 1213 ein Kloster, das inmitten eines alten Buchen- und Fichtenwaldes liegt. Zu den Schätzen der **Chiesa Maggiore** (Baubeginn 1348) gehören die Terrakotten von Andrea della Robbia.

Rechts neben der Chiesa Maggiore führt eine Treppe hinab zur ältesten Kirche **Santa Maria degli Angeli,** mit deren Bau noch zu Lebzeiten des hl. Franz begonnen wurde.

Links von der Chiesa Maggiore führt der »Korridor der Stigmate« in die Zelle des hl. Franz und in die **Cappella delle Stimmate,** wo der Heilige die Wundmale Christi empfangen haben soll (www.santuariolaverna.org).

## Hotel

**Azienda Agricola Casentinese**
**52012 Bibbiena (Ortsteil Casanova)**
**Tel. 05 75 59 48 06**
**www.agricolacasentinese.it**
Agriturismus-Betrieb 16 km nordwestlich von Chiusi mit Zimmern, Apartments; Pool, Restaurant mit typischer Küche des Casentino. ●●

# *Poppi 6

Das reizvolle Städtchen auf 437 m ruht zu Füßen des Nationalparks Monte Falterona-Campigna-Foreste Casentinesi. Die anmutigen Bogengänge der Hauptstraße Via Cavour verbinden die romanische **Kirche San Fedele** und die von Arkaden umschlossene Rundkirche **Madonna del Morbo.** Ein paar Schritte weiter oben am Hü-

Blick auf Poppi mit dem Castello dei Conti Guidi aus dem 13. Jh.

gel beherrscht der **\*Adelspalast der Grafen Guidi** das Bild mit seinem mächtigen Turm, der Zugbrücke und den hölzernen Wehrgängen im Inneren – **das sind perfekte Fotomotive für Burgenfans.**

**cht gut!**

Den besten Blick auf die Burg hat man, wenn man durch den Bogen rechts von der Kirche San Fedele tritt (Mitte März–Mitte Okt. tgl. 10–18, Juli–Aug. 10 bis 19, Nov.–Mitte März Do–So 10 bis 17 Uhr, Informationen: Tel. 05 75 52 05 16, www.buonconte. com).

### Hotel

**Bioagriturismo Casale Camalda**
**52010 Serravalle di Bibbiena**
**(Ortsteil Castagnoli 33)**
**Tel. 05 75 51 91 04**
**www.agriturismocamalda.it**
Offene Dachbalken, viel Stein und Holz, nette Apartments für Selbstversorger inmitten des Nationalparks, gut 12 km nordöstlich von Poppi. ●

# Ausflug nach *Camaldoli 7

Die **Abtei Camaldoli** gründete der hl. Romuald (952–1027) zusammen mit einer **Einsiedelei** (*Eremo di Camaldoli*) inmitten eines Waldes. Man sieht die dorfähnliche Anlage der 20 Zellen der Einsiedelei und die doppeltürmige barocke **Chiesa del Salvatore**. Nur die Kirche und die Zelle des hl. Romuald sind zugänglich. Ca. 40 Min. braucht man zu Fuß für die 3 km hinunter zum eigentlichen **\*Klosterkomplex**. Der leichte Spaziergang führt durch einen majestätischen Nadelwald, die **\*Foresta di Camaldoli,** seit Jahrhunderten von den Mönchen gepflegt und heute Teil des Nationalparks. Da die Ordensgebäude den Mönchen vorbehalten bleiben, kann man von der Klosteranlage selbst nur die Kreuzgänge, die barockisierte Kirche und die schöne alte **\*Apotheke** aus dem 16. Jh. besichtigen. Hier verkaufen die Mönche klostereigene Produkte wie Liköre und Honig (tgl. 9–12.30, 14.30–18 Uhr, Mi im Winter geschl.).

## Infos

**Inforpunkt des Nationalparks Foreste Casentinesi**
**52014 Camaldoli** ][ **Tel. 05 75 55 61 30**
**www.parcoforestecasentinesi.it**
Juli–Aug. tgl. 10–13, 15–18 Uhr, April, Sept. Sa, So, Mai, Juni Sa, So, Fei 10 bis 13, Okt. Sa, So, Nov. Sa, So, Fei, Dez. So, Fei 14.30–17.30 Uhr. Über 600 km markierte Wege führen durch den Nationalpark, gute Beschreibungen: **www.parcoforestecasentinesi. it:8090/percorsi** (Ital.)

## Aktivitäten

■ Das ganze Jahr über bietet der Konvent Camaldoli **Meditations- und Gebetswochen** an. Man kann auch in der Foresteria des Klosters übernachten **(Tel. 05 75 55 60 12; www. camaldoli.it).**
■ Von Camaldoli führt ein rund 2-stündiger, relativ leicht begehbarer, ausgeschilderter Rundweg (Sentiero Natura) durch den Wald.

## \*Stia 🔳

Am Zusammenfluss von Arno und Staggia entwickelte sich schon im Mittelalter der Marktort Stia. Arkaden zieren die **Piazza Mazzini,** von der man zum Ausstellungszentrum **Palagio Fiorentino** kommt – 1908 in eklektischen Formen erneuert. Es beherbergt heute das Museum für

zeitgenössische Kunst mit Arbeiten der Künstler Marino Marini, Ottone Rosai und Giò Pomodoro (Juni–Sept. Sa, So, 16–19 Uhr).

Jenseits des Flusses Staggia bildet die von Laubengängen gesäumte **\*Piazza Tanucci** das malerische Zentrum des Ortes.

Die Kirche **\*Santa Maria Assunta** versteckt sich zwar hinter einer Fassade aus dem 18. Jh., besitzt aber noch den romanischen Innenraum und Kostbarkeiten wie das **\*Relief** »Madonna mit Kind« von Andrea della Robbia.

## Hotel

**Albergo Falterona**
**Piazza Tanucci 85** ][ **52017 Stia**
**Tel. 05 75 50 45 69**
**www.albergofalterona.it**
In einem Palazzo aus dem 15. Jh., kleines ruhiges Hotel mit modernem Komfort. ●●

## Restaurant

**La Rana**
**OT Tirasasso** ][ **Tel. 05 75 50 45 05**
Direkt am Arno in einem Park gelegen, klassische Casentiner Gerichte. Nur mittags, Fr, Sa, So auch abends. ●—●●

## Aktiv

Von Stia aus kann man eine herrliche, leichte Waldwanderung zur **\*Foresta di Campigna** im Nationalpark Monte Falterona-Campigna-Foreste Casentinesi unternehmen. Der Wald – vor allem aus Buchen und Silbertannen – steht seit 1976 unter Naturschutz. Anfahrt über die SS 310, Infopoint des Nationalparks s. oben, **www.parks.it/ parco.nazionale.for.casentinesi/Giti. html**

# Infos von A–Z

## Ärztliche Versorgung

EU-Bürger werden gegen Vorlage der Europäischen Krankenversicherungskarte kostenlos behandelt. Eine zusätzliche private Auslandskrankenversicherung ist sehr zu empfehlen.

## Behindertengerechtes Reisen

In den Hotelverzeichnissen zeigt das Rollstuhlsymbol die Eignung für Behinderte an. In Orten mit vielen Treppen haben es Behinderte schwer; abgeschrägte Bürgersteige sind selten.
■ **Bundesverband Selbsthilfe Körperbehinderter,** Altkrautheimer Str. 20 74238 Krautheim, Tel. 0 62 94/ 42 81 51, www.bsk-ev.org
■ Adressen von geeigneten Hotels, zur Fortbewegung, Museumsbesichtigung u.a. in Florenz unter www.firenze turismo.it (*Firenze senza barriere* bzw. *Florence without barriers* anklicken).

## Diplomatische Vertretungen/ Konsulate

■ **Deutschland:** Corso dei Tintori 3, Florenz, Tel. 05 52 34 35 43, florenz@hk-diplo.de
■ **Österreich:** Lungarno A. Vespucci 58, Florenz, Tel. 05 52 65 42 22, cons.austria@albinipitigliani.it
■ **Schweiz:** Piazzale Galileo 5, Florenz, Tel. 0 55 22 24 34, consolato@svizzerafirenze.it

## Einreisebestimmungen

EU-Bürger und Schweizer benötigen einen gültigen Reisepass oder Personalausweis, Autofahrer den nationalen Führerschein.

**Hunde und Katzen** benötigen den europäischen Haustierpass (pet pass). Er ist nur mit gleichzeitiger Identifikation des Tieres durch Tätowierung oder Mikrochip gültig. Der Tierarzt, der den Pass ausstellt, muss auch eine Tollwutimpfung bestätigen. Leine und Maulkorb gehören ins Gepäck.

## Eintrittspreise

In staatlichen Museen zahlen EU-Bürger unter 18 und über 65 Jahren nichts, von 18 bis 25 erhalten sie Ermäßigung, ebenso in vielen kommunalen und kirchlichen Museen. Für viele Museen u.Ä. gibt es Sammeltickets. Ausstellungen sind meist relativ teuer; es ist nur selten möglich, nur die Ausstellung oder nur das Museum zu besuchen.

## Feiertage

1. und 6. Januar, Ostern (Pasqua), Ostermontag, 25. April (Jahrestag der Befreiung), 1. Mai (Tag der Arbeit), 2. Juni (Tag der Republik), 15. Aug. (Mariä Himmelfahrt), 1. Nov., 8., 25. und 26. Dez. sowie der Tag des jeweiligen Stadtheiligen.

## Geld und Währung

In Italien zahlt man mit Euro (€). Bankautomaten funktionieren mit Bank- oder Kreditkarte. Kreditkarten werden allgemein akzeptiert.

## Informationen

Staatliche italienische Fremdenverkehrsämter (ENIT)
■ **Für Deutschland**
Barckhausstr. 10, 60325 Frankfurt/M., Tel. 0 69/23 74 34, frankfurt@enit.it; www.enit.it; www.enit.de

■ **Für Österreich**
Mariahilfer Str. 1b/Mezzanin-Top XVI,
1060 Wien, Tel. 01/5 05 16 39,
vienna@enit.it, www.enit.at
■ **Für die Schweiz**
Uraniastr. 32, 8001 Zürich,
Tel. 0 43/4 66 40 40, zürich@enit.it,
www.enit.ch
■ **In Italien**
die örtlichen Fremdenverkehrsämter
**APT (Azienda di Promozione Turis-
tica)**, I.A.T. (Informazione, Accoglienza,
Turismo), Proloco und Uffici Informazioni helfen bei der Hotelsuche, Ferien
in Landhäusern (Agriturismo) etc.

## Notruf
■ **Polizei/Carabinieri:** Tel. 113, 112
■ **Unfallrettung:** Tel. 118
■ **Feuerwehr (Vigili del fuoco):**
Tel. 115
■ **Allgemeiner Notruf/Erste Hilfe:**
Tel. 118
■ **Pannendienst des ACI (Soccorso
stradale):** Tel. 80 31 16
■ **ADAC-Notrufnummer in Italien:**
Tel. 03 92 10 41

## Öffnungszeiten
■ **Banken:** Mo–Fr 8.30–13.30 Uhr
(manche auch 1 Std. nachmittags).
■ **Geschäfte:** Mo–Sa 9–13 und
15.30–19.30 Uhr, manche sind Mo
vormittags geschl. In der Saison sind
Geschäfte in Touristenzentren bis spät
abends und auch So geöffnet.
■ **Kirchen:** mittags oft geschlossen.
■ **Museen** usw. ändern oft die Öffnungszeiten (viele Museen Mo geschl.)
■ **Tankstellen** sind – außer an Autobahnen – über Mittag sowie So/Fei
geschl. Manche haben Tankautomaten
(für Bargeld und/oder Kreditkarte).

## Quittungen
Für Dienstleistungen, auch für Bar-
oder Restaurantbesuche, werden Quit-
tungen *(ricevuta fiscale)* ausgestellt,
man aufbewahren muss. Die Steuerpo-
lizei kontrolliert dies und bestraft hart.

## Rauchen
In öffentlichen Gebäuden, Bars und
Restaurants ist Rauchen untersagt.

## Souvenirs
Der Kauf gefälschter Markenartikel
wird in Italien hart bestraft.

## Telefon/Handy
Telefonkarten *(scheda telefonica)* erhält
man in Tabakläden *(tabacchi)*, Kiosken
und Telecom-Läden zu 5 bzw. 10 €. Bei
Ortsgesprächen wählt man die Ortsvor-
wahl samt Null (z.B. Florenz: 0 55).
**Handys** (ital. *telefonino*) funktionieren
problemlos; gute Tipps unter: www.tel-
tarif.de/roaming/italien/handy.html. Ita-
lienische Handynummern beginnen mit
einer 3 ohne Anfangs-Null.
**Vorwahlnummern (international):**
■ **Deutschland:** 00 49
■ **Österreich:** 00 43
■ **Schweiz:** 00 41
■ **Italien:** 00 39

## Zoll
Für Reisende aus EU-Ländern gelten
folgende Mengen: 800 Zigaretten, 90 l
Wein, 10 l Spirituosen. Für Schweizer
sind 2 l Wein, 2 l Alkoholika unter bzw.
1 l über 15 Vol.-%, 50 ml Parfüm und
Souvenirs für maximal 300 CHF frei.

| Urlaubskasse | |
|---|---:|
| Tasse Espresso | 2,50 € |
| Softdrink (Cola) | 3,50 € |
| Glas Bier | 4,80 € |
| Panino | 4,20 € |
| Portion Eis (2 Kugeln) | 2 € |
| Taxifahrt (innerstädtisch, 12 km) | 15 € |
| Mietwagen/Tag | 55 € |

# Register

## Bildnachweis

Alamy/Giulio Andreini: 19; Antica Macelleria Falorni: 61; APA Publications/G. Galvin & G. Taylor: 22, 38, 47, 69, 91, 97, 106, 130; Udo Bernhart: 79; Bildagentur Huber/A. Biscaro: U2-Top12-10; Bildagentur Huber/Da Ros Luca: 121; Bildagentur Huber/Giovanni: 86; Bildagentur Huber/Gräfenhain: 26; Bildagentur Huber/Johanna Huber: U2-Top12-11, 34, 51, 98; Bildagentur Huber/Kaos04: U2-Top12-2; Bildagentur Huber/Ripani Massimo: 31; Bildagentur Huber/Cellai Stefano: 42; Fotodesign Herzig/Tina Herzig: 125; Enoteca Pinchiorri: 58; Fotodesign Stadler: 88; Fotolia/Claudio Colombo: 2-2; Fotolia/Cornholio: 2-1; Fotolia/Andreas Edelmann: U2-Top12-07; Fotolia/fotografiche.eu: 115; Fotolia/maurossessanta: U2-Top12-9; Fotolia.com/Xtravagant: U2-Top12-3, U2-Top12-8, 5; Herbert Hartmann: 2-3, 48, 54; Ulrike Havemann: 93, 94; Hotel Royal Victoria: 24; Gerold Jung: 63, 112, 117; laif/Celentano: U2-Top12-5, 6, 67, 118, 122; laif/Gaasterland: 9, 85; laif/Galli: 105; laif/hemis: 75; laif/hemis.fr/Bruno Morandi: 137; laif/Le Figaro Magazine: 23; LOOK-foto/age fotostock: 72; LOOK-foto/Rainer Martini: 11; LOOK-foto/Juergen Richter: U2-Top12-4, 126; LOOK-foto/Heinz Wohner: 40; Pixelio/Matthias Brinker: 13; Pixelio/Klaus Rupp: 83; Dirk Renckhoff: 21, 56, 65; Martin Thomas: 110; Hanna Wagner: 37; Web Gallery of Art: U2-Top12-12, 33, 71, 135; Wikipedia/ricardo08: U2-Top12-6; Wikipedia/Niccolò Rigazzi: 46; Zoo della Fauna Europea Poppi: 20.

# Polyglott im Internet: www.polyglott.de

## Impressum

Wir freuen uns, dass Sie sich für einen Reiseführer aus dem Polyglott-Programm entschieden haben. Auch wenn alle Informationen aus zuverlässigen Quellen stammen und sorgfältig geprüft sind, lassen sich Fehler nie ganz ausschließen. Wir bitten um Verständnis, dass der Verlag dafür keine Haftung übernehmen kann. Ihre Hinweise und Anregungen sind uns wichtig und helfen uns, die Reiseführer ständig weiter zu verbessern. Bitte schreiben Sie uns:
GVG TRAVEL MEDIA GmbH, ein Unternehmen der GANSKE VERLAGSGRUPPE
Redaktion Polyglott, Harvestehuder Weg 41, 20149 Hamburg, redaktion@polyglott.de

**Wir wünschen Ihnen eine gelungene Reise!**

Herausgeber: GVG TRAVEL MEDIA GmbH
Redaktionsleitung: Grit Müller
Autorin: Monika Pelz
Redaktion: Yvonne Paris
Bildredaktion: GVG TRAVEL MEDIA GmbH, Ulrich Reißer und Dominik Dittberner
Layout: Ute Weber, Geretsried
Titeldesign-Konzept: Studio Schübel Werbeagentur GmbH, München
Karten und Pläne: Cordula Mann und Kartografie GVG TRAVEL MEDIA GmbH, Hamburg
Kartografische Bearbeitung: Kartographie Huber
Satz: Schulz Bild & Text, Mainz und Buch und Gestaltung, Britta Dieterle
Druck und Bindung: Stürtz Mediendienstleistungen, Würzburg

# Langenscheidt Mini–Dolmetscher Italienisch

## Allgemeines

Guten Tag. — Buongiorno. [buondsehorno]

Hallo! — Ciao! [tschao]

Wie geht's? — Come sta? [kome sta]

Danke, gut. — Bene, grazie. [bäne grazje]

Ich heiße ... — Mi chiamo ... [mi kjamo]

Auf Wiedersehen. — Arrivederci. [arriwedertschi]

Morgen — mattina [mattina]

Nachmittag — pomeriggio [pomeridseho]

Abend — sera [ßera]

Nacht — notte [notte]

morgen — domani [domani]

heute — oggi [odsehi]

gestern — ieri [järi]

Sprechen Sie Deutsch? — Parla tedesco? [parla tedesko]

Wie bitte? — Come, prego? [kome prägo]

Ich verstehe nicht. — Non capisco. [non kapisko]

Sagen Sie es bitte nochmals. — Lo può ripetere, per favore. [lo puo ripätere per fawore]

..., bitte. — ..., per favore. [per fawore]

danke — grazie [grazje]

Keine Ursache. — Prego. [prägo]

was / wer / welcher — che / chi / quale [ke / ki / kuale]

wo / wohin — dove [dowe]

wie / wie viel — come / quanto [kome / kuanto]

wann / wie lange — quando / quanto tempo [kuando / kuanto tämpo]

warum — perché [perke]

Wie heißt das? — Come si chiama? [kome ßi kjama]

Wo ist ...? — Dov'è ...? [dowä]

Können Sie mir helfen? — Mi può aiutare? [mi puo ajutare]

ja — sì [ßi]

nein — no [no]

Entschuldigen Sie. — Scusi. [skusi]

Gibt es hier eine Touristeninformation? — C'è un ufficio di turismo qui? [tschä un uffitscho di turismo kui]

Haben Sie einen Stadtplan? — Ha una pianta della città? [a una pjanta della tschitta]

Wann ist ... geöffnet? — A che ora è aperto (m.) / aperta (w.) ...? [a ke ora ä apärto / apärta]

das Museum — il museo (m.) [il museo]

## Shopping

Wo gibt es ...? — Dove posso trovare ...? [dowe posso troware]

Wie viel kostet das? — Quanto costa? [kuanto kosta]

Wo ist eine Bank? — Dov'è una banca? [dowä una bangka]

Ich suche einen Geldautomaten. — Dove posso trovare un bancomat? [dowe posso troware un bangkomat]

Geben Sie mir 100 g Käse / zwei Kilo Pfirsiche — Mi dia un etto di formaggio / due chili di pesche. [mi dia un ätto di formadseho / due kili di päske]

Wo kann ich telefonieren / eine Telefonkarte kaufen? — Dove posso telefonare / comprare una scheda telefonica? [dowe posso telefonare / komprare una skeda telefonika]

## Essen und Trinken

Die Speisekarte, bitte. — Il menu per favore. [il menu per fawore]

Brot — pane [pane]

Kaffee — caffè / espresso [kaffä / esprässo]

Tee — tè [tä]

mit Milch / Zucker — con latte / zucchero [kon latte / zukkero]

Orangensaft — succo d'arancia [sukko darantscha]

Mehr Kaffee, bitte. — Un altro caffè, per favore. [un altro kaffä per fawore]

Suppe — minestra [minästra]

Nudeln — pasta [pasta]

Fisch / Meeresfrüchte — pesce / frutti di mare [pesche / frutti di mare]

Fleisch — carne [karne]

Geflügel — pollame [pollame]

Beilage — contorno [kontorno]

vegetarische Gerichte — piatti vegetariani [pjatti wedsehetarjani]

Ei — uovo [uovo]

Salat — insalata [inßalata]

Dessert — dolci [doltschi]

Obst — frutta [frutta]

Eis — gelato [dsehelato]

Wein — vino [wino]

Bier — birra [birra]

Wasser — acqua [akua]

Mineralwasser — acqua minerale [akua minerale]

mit / ohne Kohlensäure — gassata / naturale [gassata / naturale]

Ich möchte bezahlen. — Il conto, per favore. [il konto per fawore]